［過去問］

2024
淑徳小学校
入試問題集

JN084602

Shinga-kai

淑徳小学校

過去5年間の入試問題分析
出題傾向とその対策

2023年傾向

今年度より出願方法がWeb出願に変更となりました。考査の出題形式は例年と変わらず、一般入試ではペーパーテスト、集団テストを通して総合的な力を見られ、カード遊びの課題では約束を守って行動する様子が見られました。単願入試の集団テストでは長袖のシャツをたたむ、ジッパーつきの袋に紙を入れるなど、基本的な生活習慣の課題を通して普段の生活の様子が見られました。

傾　向

淑徳小学校で2012年度から設けられた推薦入試は、2020年度から単願入試と名称が変わりました。一般入試は例年、ペーパーテスト、集団テスト、親子面接が実施されており、ペーパーテストは問題数も多く、一定の時間内にスムーズに対応することが求められます。話の記憶の問題はそれほど長いお話ではありませんが、流れを整理して聞き取らなければなりません。集中してしっかり聞く力をつけておきましょう。数量の問題は、きちんと数を数えることや、増減や対応が求められています。これは、日常生活の中で数を数える体験がどれくらいあるのかを見られているといえます。十分に体験を積み、スムーズに数えられるようにしておきましょう。推理・思考の問題も毎年出題されています。特に新しい傾向の問題ではなくとも出題方法が工夫されているものもあるので、指示を最後までしっかり聞いて対応することが必要です。また、過去には常識の出題で左右の認識を問われたこともあるので、生活の中で左右の違いをきちんとつかんでおきましょう。記憶の問題では「絵の中になかったものはどれ？」といった幼児には難しい言い回しで問われることもあります。集団テストでは、カードめくりなどのゲーム遊びや制作などが課題となっています。集団の中で自分の個性をしっかり発揮することが大切です。積極的にお友達に声をかける、ほかの子のお話に耳を傾けるといった相談する力や、初対面の子ども同士でも自分の意見をはっきり伝えて、かつ仲よく行動する協調性、作業への集中度などが求められます。また集団ゲームでは機敏に活動できることも重要です。親子面接はそれほど難解な質問はありませんが、質問内容がシ

ンプルな分、スムーズな反応が求められます。初対面の面接官とでもハキハキと話せるように
しておきたいですね。淑徳小学校の一般入試は、都内の私立小学校の中では比較的遅い日
程になるので、すでに受験を経験している状況で臨むお子さんも多くなります。考査前に他
校の合否を伝えないなどの配慮をして、リラックスしつつもよい緊張感を保てるような工夫
も必要です。

対　策

中学入試を目指す児童が多く、入学後にかなり高い学力を求められる学校のため、ペーパー
テストの比重が高いと思われます。けっして難問の連続というわけではありませんが、ひとひ
ねりを加えた問題が多いので、集中して指示をしっかり聞き取ることが要求されます。特に
話の記憶ではかなり細かい部分におよぶ設問があるので、日ごろから絵本の読み聞かせなど
を通して、お話を集中して聞くことに慣れておく必要があります。推理・思考や観察力の問
題でも、ちょっとした指示の聞き違いで正答につながらない、といったことがありますか
ら、家庭でペーパーに取り組む機会を増やし、いろいろな言い回しの指示を理解できるよう
にしておくことも合格への大きなポイントでしょう。推理・思考では回転図形、比較、水の
量、重さ比べなど、さまざまな分野から出題されています。過去問には必ず取り組むように
し、理解を確実なものにしておきましょう。数量の問題は正確さとスピードの両方が求めら
れているので、買い物や食事の準備などのお手伝い、集団での遊びを通して、楽しく数える機
会をどんどん増やしておきましょう。ペーパーテストの課題は量を増やしてスピードを上げ
ることも必要ですが、数量の問題ではスピードを求めすぎると、間違いも多くなります。ス
ピードと正確さを、バランスよく伸ばしていきましょう。ほかに、常識、位置・置換、記
憶、観察力なども頻出課題です。幅広い項目から出題されていますので、まんべんなく準備す
ることが必要です。幼児にとってペーパーテストの課題は、とかく「嫌なこと」になりやすい
ものです。学習への意欲を引き出すような言葉掛けを多くして、取り組む際のスピードアップ
や自信獲得につなげることが大切です。「まだできないの」ではなく「速くできるようになって
きたね」や、「ここも間違い」ではなく「惜しかったね、こう考えるといいよ」といったよう
に、お子さんにとって保護者と一緒に課題に取り組むことが楽しいと思えるような言葉掛けの
工夫がないと、入試まで長続きしないので気をつけてください。集団テストでは、単に遊んで
いる様子を見られるだけではなく、しつけも含めて家庭教育全般の成果が評価されると考えま
しょう。また、入試は男女混合なので、男女での遊びの機会を増やしておくことも必要です。
集団の中での発言力やリーダーシップ、協調性など、いろいろな力が求められますので、約束
や相談の必要があるさまざまな遊びを体験し、そうした力を育んでいくとよいでしょう。親子
面接では、子どもが自分の言葉で話せるように、普段からきちんとお話しする機会を作ること
を心掛けながら、練習を積み重ねておくことが大切です。親子で1つのものを作るなどの経験
を通し、会話の中でしっかりした受け答えができるようにしておいてください。

年度別入試問題分析表（一般入試）

【淑徳小学校】

	2023	2022	2021	2020	2019	2018	2017	2016	2015	2014
ペーパーテスト										
話	○	○	○	○	○					
数量	○	○	○	○	○					
観察力	○		○		○					
言語	○		○							
推理・思考	○	○	○	○	○					
構成力			○							
記憶	○	○	○	○	○					
常識	○	○	○	○	○					
位置・置換	○	○	○	○	○					
模写	○			○						
巧緻性										
絵画・表現										
系列完成										
個別テスト										
話										
数量										
観察力										
言語										
推理・思考										
構成力										
記憶										
常識										
位置・置換										
巧緻性										
絵画・表現										
系列完成										
制作										
行動観察										
生活習慣										
集団テスト										
話										
観察力										
言語										
常識										
巧緻性			○		○					
絵画・表現										
制作		○	○							
行動観察	○		○	○	○					
課題・自由遊び										
運動・ゲーム		○		○	○					
生活習慣										
運動テスト										
基礎運動										
指示行動										
模倣体操										
リズム運動										
ボール運動										
跳躍運動										
バランス運動										
連続運動										
面接										
親子面接	○	○	○	○	○					
保護者(両親)面接										
本人面接										

※伸芽会教育研究所調査データ

小学校受験Check Sheet

　お子さんの受験を控えて、何かと不安を抱える保護者も多いかと思います。受験対策はしっかりやっていても、すべてをクリアしているとは思えないのが実状ではないでしょうか。そこで、このチェックシートをご用意しました。1つずつチェックをしながら、受験に向かっていってください。

✱ ペーパーテスト編

①お子さんは長い時間座っていることができますか。

②お子さんは長い話を根気よく聞くことができますか。

③お子さんはスムーズにプリントをめくったり、印をつけたりできますか。

④お子さんは机の上を散らかさずに作業ができますか。

✱ 個別テスト編

①お子さんは長時間立っていることができますか。

②お子さんはハキハキと大きい声で話せますか。

③お子さんは初対面の大人と話せますか。

④お子さんは自信を持ってテキパキと作業ができますか。

✱ 絵画、制作編

①お子さんは絵を描くのが好きですか。

②お家にお子さんの絵を飾っていますか。

③お子さんははさみやセロハンテープなどを使いこなせますか。

④お子さんはお家で空き箱や牛乳パックなどで制作をしたことがありますか。

✱ 行動観察編

①お子さんは初めて会ったお友達と話せますか。

②お子さんは集団の中でほかの子とかかわって遊べますか。

③お子さんは何もおもちゃがない状況で遊べますか。

④お子さんは順番を守れますか。

✱ 運動テスト編

①お子さんは運動をするときに意欲的ですか。

②お子さんは長い距離を歩いたことがありますか。

③お子さんはリズム感がありますか。

④お子さんはボール遊びが好きですか。

✱ 面接対策・子ども編

①お子さんは、ある程度の時間、きちんと座っていられますか。

②お子さんは返事が素直にできますか。

③お子さんはお父さま、お母さまと3人で行動することに慣れていますか。

④お子さんは単語でなく、文で話せますか。

✱ 面接対策・保護者（両親）編

①最近、ご家族での楽しい思い出がありますか。

②ご両親の教育方針は一致していますか。

③お父さまは、お子さんのお家での生活や幼稚園・保育園での生活をどれくらいご存じですか。

④最近タイムリーな話題、または昨今の子どもを取り巻く環境についてご両親で話をしていますか。

section
2023 淑徳小学校入試問題

■ 選抜方法

単願（旧推薦）入試と一般入試が行われ、いずれも考査は1日。男女混合の約10人単位で実施される。単願入試は集団テスト、個別テスト、集団面接があり、考査日前に親子面接がある。所要時間は約2時間30分。一般入試はペーパーテスト、集団テスト、考査当日に親子面接がある。所要時間は面接の待ち時間を含めて約2時間30分。

一 般 入 試

■ ペーパーテスト

筆記用具は青のクーピーペンを使用し、訂正方法は＝（横2本線）。出題方法は話の記憶のみ音声、ほかは口頭。

1 話の記憶

「『こんにちは。郵便ですよ』。クマさんは森の郵便屋さんです。手紙や荷物を森の動物たちに配ります。そんなクマさんに、森のみんなは『いつもありがとうございます』とお礼を言い、郵便を届けてもらうと大喜びです。クマさんが『キツネさん、こんにちは。風邪は治りましたか？』と聞くと、キツネさんは『はい、よくなりました。クマさんも気をつけてくださいね』と答えました。クマさんは郵便配達がない日でも、森のみんなとよくお話をするので、森のみんなはクマさんが来るのをとても楽しみにしています。ある雪の日のことです。郵便屋さんに荷物が届きました。ヤギのおじいさんへの小包です。クマさんはさっそく配達しようと山道を登っていくと、ヤギのおじいさんのお家が見えてきました。『郵便ですよ』と声をかけると、『こんな雪の日に、ご苦労さま。どなたからですか？』とおじいさんがたずねます。『町にすんでいるウサギさんからですよ』と言いながら、クマさんはかばんの中から丁寧に小包を出して渡しました。『ポカポカの手袋だ。ありがとう、クマさん』。おじいさんがお礼を言うと、『よかった。これで雪の日も安心ですね』とクマさんもニッコリしました。それから一日の仕事を終えて、クマさんはお家に帰りました。ポストを見ると、1通の手紙が入っています。『森の郵便屋さんへ。いつも休まずに郵便を配達してくれて、ありがとうございます。森のみんなはクマさんが大好きです。これからもお仕事を頑張ってください。森のリスより』。手紙を読んだクマさんは、とてもうれしい気持ちになりました」

- ・1段目です。風邪を引いていた動物に○をつけましょう。
- ・2段目です。ヤギのおじいさんに届けた小包に入っていたものに○をつけましょう。
- ・3段目です。クマさんのお家のポストに手紙を入れた動物に○をつけましょう。

2 言語（同尾語）

・左端の絵の最後の音と同じ音で終わるものを、右側から選んで○をつけましょう。

3 数　量

・大きな四角にピーマンはいくつありますか。その数だけ、上のマス目に1つずつ○をかきましょう。

・トマトが今ある数から3つ増えると、全部でいくつになりますか。その数だけ、真ん中のマス目に1つずつ○をかきましょう。

・ピーマンとナスは、いくつ違いますか。違う数だけ、下のマス目に1つずつ○をかきましょう。

4 数　量

・左のタイルと同じ数のタイルを右から選んで、○をつけましょう。

5 位置・記憶

・左の絵を見ましょう。（左の絵のみを20秒見せたら隠し、右の絵のみを見せる）星があったところに○をかきましょう。

6 絵の記憶

・左の絵を見ましょう。（左の絵のみを20秒見せたら隠し、右の絵のみを見せる）今見た絵にいなかった生き物に×をつけましょう。

7 観察力（同図形発見）

・左端の絵と同じものを右側から探して、○をつけましょう。

8 推理・思考（進み方）

・左下の矢印からスタートして、ジャンケンで勝つ手の方へ進みます。通るマス目に右下の矢印まで線を引きましょう。ただし、縦、横には進めますが、斜めに進むことはできません。

9 模　写

・左のお手本を右のように折りました。マス目の中の印はどのようになるか、同じマス目にかきましょう。

10 常識（生活）

・上と下で、同じ仕事をするもの同士の点と点を線で結びましょう。

11 常 識

・上です。正しい姿勢でかいている絵に○をつけましょう。
・下です。お友達と仲よく遊んでいる絵に○をつけましょう。

▌集団テスト▌

🔲 行動観察（カード遊び）

４人ずつのグループに分かれて行う。マス目に丸、三角、四角、バツなどの印がかいてある台紙と、マス目に置けるサイズの絵カード数枚が用意されている。テスターから指示されたマス目に絵カードを置いたり、テスターが出す条件で仲間になる絵カードを選んでマス目に置いたりする。「箱にカードを片づけましょう」と言われたら、グループ全員で片づける。

単 願 入 試

▌集団テスト▌

🔲 行動観察

・テスター対子どもたちで、体ジャンケンをする。グーはしゃがむ、チョキはバンザイの姿勢で足を前後に出す、パーは両手両足を広げる。
・グループで輪になり、隣の人にボールを回していく。最後の人は指示された場所にボールを置く。

🔲 生活習慣

・長袖のシャツをたたむ。
・ジッパーつきビニール袋に紙を入れる。

▌個別テスト▌ ブースを順番に移動し、課題を行う。

🔲 言 語

・お名前、誕生日、住所を教えてください。

・好きな（嫌いな）食べ物は何ですか。

・嫌いな食べ物が給食に出てきたらどうしますか。

📖 指示行動

マス目に赤と黄色の丸シールがいくつか貼られたお手本があり、離れたところにある机に赤と黄色のキューブ多数とマス目の台紙が用意されている。お手本を「やめ」と言われるまで見て覚えた後、離れたところにある机に行き、はしでキューブをつまんでお手本と同じマス目に置く。

集 団 面 接 | 6人1組で行う。

・お名前、年齢、誕生日を教えてください。

・幼稚園（保育園）の名前を教えてください。

・幼稚園（保育園）でお友達とけんかをしたら、どうしますか。

親 子 面 接 | 一般、単願共通。

本 人

・お名前を教えてください。

・誕生日を教えてください。

・通っている幼稚園（保育園）の名前を教えてください。

・仲よしのお友達の名前を教えてください。

・幼稚園（保育園）では、お友達と仲よく遊べますか。

・お友達とけんかをしたことはありますか。

・学校体験会には参加しましたか。

・お父さん、お母さんとは何をして遊びますか。

・お家でお手伝いはしますか。

・嫌いな食べ物はありますか。嫌いな食べ物が給食に出てきたらどうしますか。

・お母さんが作るお料理で好きなものは何ですか。

・お母さんのどんなところが好きですか。

・小学校に入ったら何をしたいですか。

・大きくなったら何になりたいですか。

父 親

・志望理由をお聞かせください。

- 本校をどのようにして知りましたか。
- 本校の印象はいかがですか。
- 仕事についてお聞かせください。
- お子さんをしかったことはありますか。
- お子さんの名前の由来を教えてください。
- 子育てをする中で、感動したのはどのようなことですか。

母 親

- 本校をどのようにして知りましたか。
- 数ある私立小学校の中で、本校を選んだ理由を教えてください。
- 体験会以外では、本校に何回くらい来たことがありますか。
- お子さんの長所と短所を教えてください。
- 幼稚園（保育園）では、どのようなお子さんだと言われていますか。
- バザーなど本校の行事への参加はできますか。
- ご家庭でしつけ以外に気をつけていることをお聞かせください。
- お子さんが成長したと感じるのはどのようなときですか。
- お子さんにアレルギーはありますか。
- 本校に入学後、心配なことはありますか。
- 緊急事態が起きたとき、どのような手段でどのくらいの時間で学校へ来ることができますか。
- お子さんの具合が悪くなったときなどの、急なお迎えにも対応できますか。

面接資料／アンケート

単願の場合は出願時に推薦書を提出する。以下のような項目がある。

- 単願の志望理由。
- 家庭の教育方針。

1

2

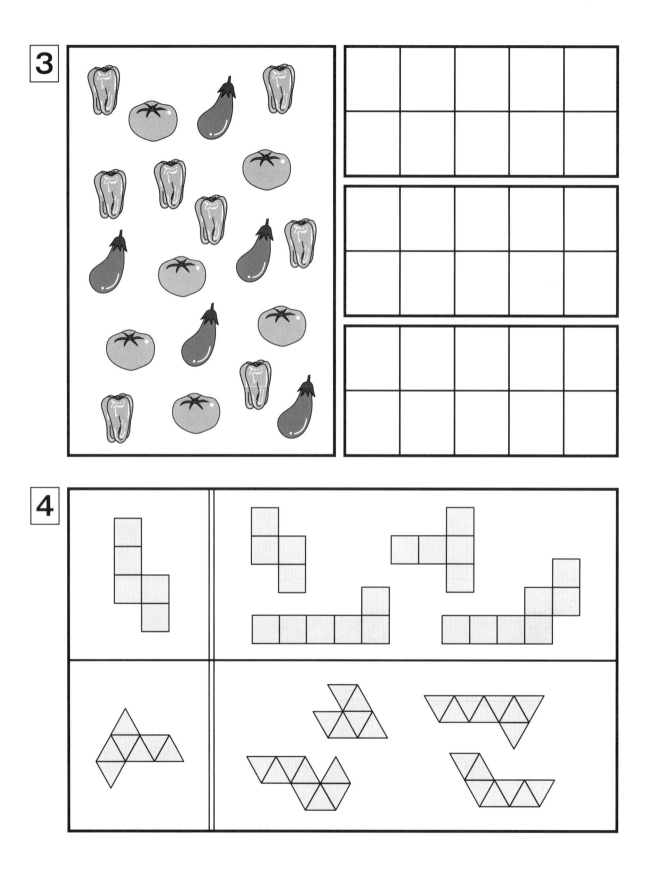

2023

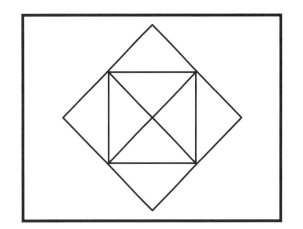

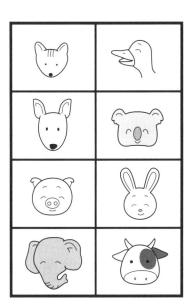

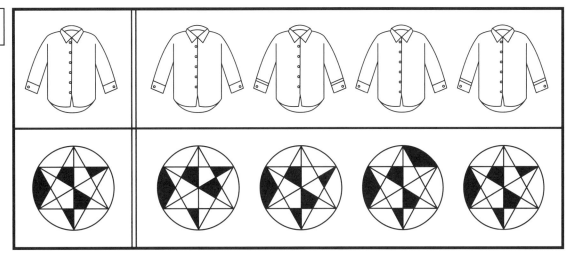

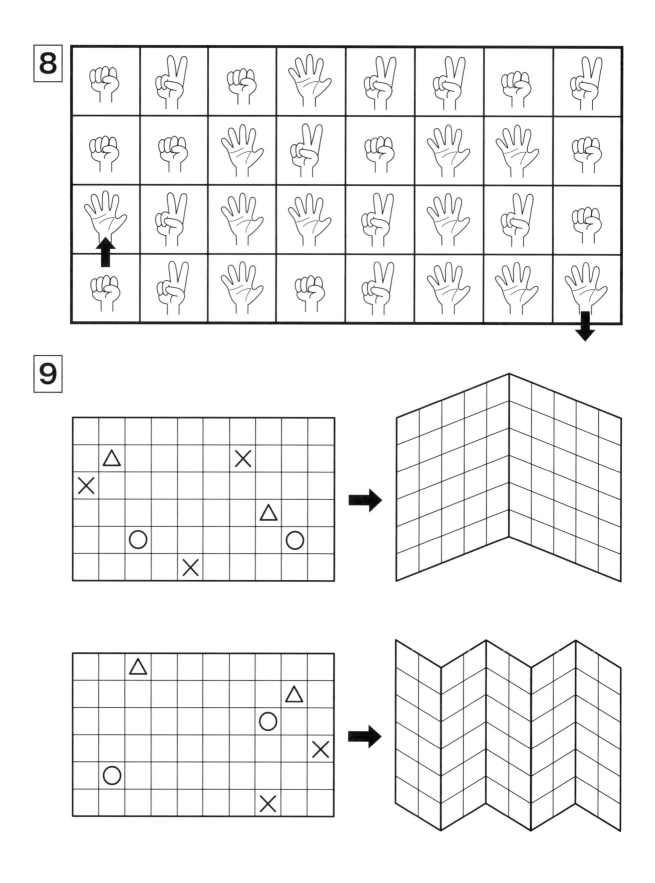

2022 淑徳小学校入試問題

■ 選抜方法

単願（旧推薦）入試と一般入試が行われ、いずれも考査は1日。男女混合の約10人単位で実施される。単願入試は集団テスト、個別テスト、集団面接があり、考査日前に親子面接がある。所要時間は約2時間30分。一般入試はペーパーテスト、集団テスト、考査当日に親子面接がある。所要時間は面接の待ち時間を含めて約2時間30分。

一 般 入 試

┃ ペーパーテスト

筆記用具は青のクーピーペンを使用し、訂正方法は＝（横2本線）。出題方法は話の記憶のみ音声、ほかは口頭。

1 話の記憶

「ある森に大きな池がありました。その池の真ん中には小さな島があり、アヒルさん、カメ君、カバ君がその島に行って遊ぶことになりました。そこへリスさんがやって来て『わたしも一緒に島に連れていって』と言うと、アヒルさんとカバ君が『リスさんは泳げないからダメだよ』と笑って言いました。それを聞いたリスさんは、悲しそうにお家に帰っていきました。それから3匹は島に渡って遊びました。けれども、ちっとも楽しくありません。『リスさんにあんなにひどいことを言っちゃったけど、やっぱりリスさんがいないと寂しいね。明日、リスさんに謝って、一緒にまた島に来て遊ぼうよ』とアヒルさんが言いました。次の日、みんなでリスさんのお家へ行って『昨日はひどいことを言ってごめんね。今日はみんなで島で遊ぼうよ』と言いました。けれどもリスさんは『でもわたし、泳げないし……』と暗い顔をしています。するとカメ君が『泳げなくても大丈夫。僕が背中に乗せて島まで連れていってあげるよ』と言いました。それからみんなで島へ出かけました。島に着くと、さっそく公園に行きました。公園にはブランコやすべり台、砂場とシーソーがありました。『何で遊ぼうか？』とみんなは迷いましたが、ブランコとすべり台で遊ぶことにしました。夕方までみんなで楽しく遊びました」

・1段目です。島へ遊びに行くときに『一緒には行けないよ』と言われたのはどの生き物ですか。○をつけましょう。

・2段目です。1段目の生き物を島へ連れていってくれたのはどの生き物ですか。○をつけましょう。

・3段目です。島に着いて、みんなで遊んだものに○をつけましょう。

2 位置・記憶

・左の絵を見ましょう。（左の絵のみを20秒見せたら隠し、右の絵のみを見せる）黒い丸があったところを塗りましょう。

3 絵の記憶

・左の絵を見ましょう。（左の絵のみを20秒見せたら隠し、右の絵のみを見せる）今見た絵になかった魚に○をつけましょう。

4 数　量

・大きな四角にカメ、ウサギ、クマはそれぞれ何匹いますか。その数だけ、それぞれの絵の横のマス目に1つずつ○をかきましょう。

5 常　識

・左端の生き物が大きくなったときの様子を、右側から選んで○をつけましょう。

6 常識（生活習慣）

・上です。マスクを正しく着けている絵に○をつけましょう。
・下です。おはしを正しく持っている絵に○をつけましょう。

7 位置・置換

・左のお手本の印を丸は△に、三角は□に、四角は○に置き換えて、右のマス目の同じ場所にかきましょう。

8 推理・思考

・いろいろな形が重なった絵があります。全部の形が重なっているところを塗りましょう。

集団テスト

制　作

グループに分かれて行う。グループごとにたくさんの木の絵が印刷された模造紙、各自に丸い枠が印刷された紙（7.5cm×7.5cm）、クーピーペン、チューブのり、はさみが用意されている。枠の中に好きな動物の絵を描き、枠に沿ってはさみで切る。切り取った絵をチューブのりで模造紙に貼り、動物たちがすんでいる楽しい森の絵にする。

🔖 集団ゲーム（タワー作り競争）

４人ずつのチームに分かれ、２チーム対抗で行う。紙コップ（大、小）各10個、紙皿10枚が各チームに用意されている。チームで相談し、できるだけ高いタワーを作る。より高く積んだチームの勝ち。

集団テスト

🔖 行動観察

- 「だるまさんがころんだ」をして遊ぶ。
- テスター対子どもたちで、体ジャンケンをする。グーはしゃがむ、チョキはバンザイの姿勢で足を前後に出す、パーは両手両足を広げる。
- グループで輪になり、隣の人にボールを回していく。最後の人は指示された場所にボールを置く。

🔖 生活習慣

- 縄跳びを片手に持ち、飛ぶまねをしながらグルグル回した後、テスターの指示で結ぶ。
- 「雨が降ってきたので傘をさしましょう」というテスターの指示で、傘をさす。

個別テスト

ブースを順番に移動し、課題を行う。

🔖 言　語

- お名前、誕生日、住所を教えてください。
- 好きな（嫌いな）食べ物は何ですか。
- 嫌いな食べ物が給食に出てきたらどうしますか。

🔖 推理・思考（比較）

長さの違う数本のひもが描かれた紙を見せられ、「この中で一番長いひもはどれですか」などと質問される。

🔖 指示行動

マス目に赤と黄色の丸シールがいくつか貼られた台紙と、離れたところにある机に赤と黄

色の棒（長さ約15㎝）が多数用意されている。台紙を「やめ」と言われるまで見て覚えた後、テスターが指示した色のシールと同じ数だけ、机から同じ色の棒を取ってきてテスターに渡す。

集団面接　6人1組で行う。

・お家では何をして遊ぶのが楽しいですか。
・幼稚園（保育園）でお友達とけんかをしたらどうしますか。

親子面接　一般、単願共通。

本人

・お名前を教えてください。
・誕生日を教えてください。
・通っている幼稚園（保育園）の名前を教えてください。
・幼稚園（保育園）では何をして遊ぶのが好きですか。
・仲よしのお友達の名前を教えてください。
・幼稚園（保育園）ではお友達と仲よく遊べますか。
・お友達とけんかをしますか。けんかをしたらどうしますか。
・幼稚園（保育園）は給食ですか。
・嫌いな食べ物はありますか。嫌いな食べ物が給食に出てきたらどうしますか。
・お休みの日は家族で何をしますか。
・着替えは1人でできますか。
・電車やバスに乗るとき、お母さんと約束していることはありますか。

父親

・志望理由をお聞かせください。
・どのようなお仕事をされていますか。
・緊急時のお迎えはどなたがしますか。
・休日はお子さんとどのように過ごしていますか。
・お子さんの長所と短所を教えてください。
・お子さんの成長が感じられたエピソードを教えてください。
・お子さんが学校でいじめられたと言って帰ってきたらどうしますか。

母親

・本校をどのようにして知りましたか。

・数ある私立小学校の中で本校を選んだ理由を教えてください。

・お子さんの長所と短所を教えてください。

・幼稚園（保育園）でのお子さんの様子を教えてください。

・バザーなど本校の行事への参加はできますか。

・緊急事態が起きたとき、どのような手段でどのくらいの時間で学校へ来ることができますか。

・ご家庭でのしつけで気をつけていることはどのようなことですか。

・お子さんにアレルギーはありますか。

面接資料／アンケート
単願の場合は出願時に推薦書を提出する。以下のような項目がある。

・単願の志望理由。

・家庭の教育方針。

1

2

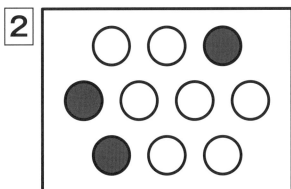
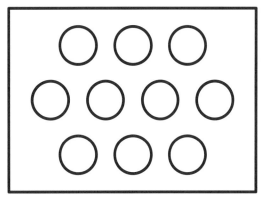

3

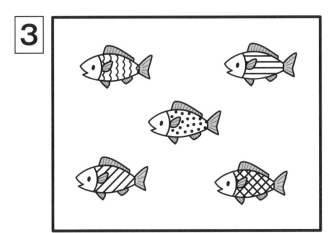

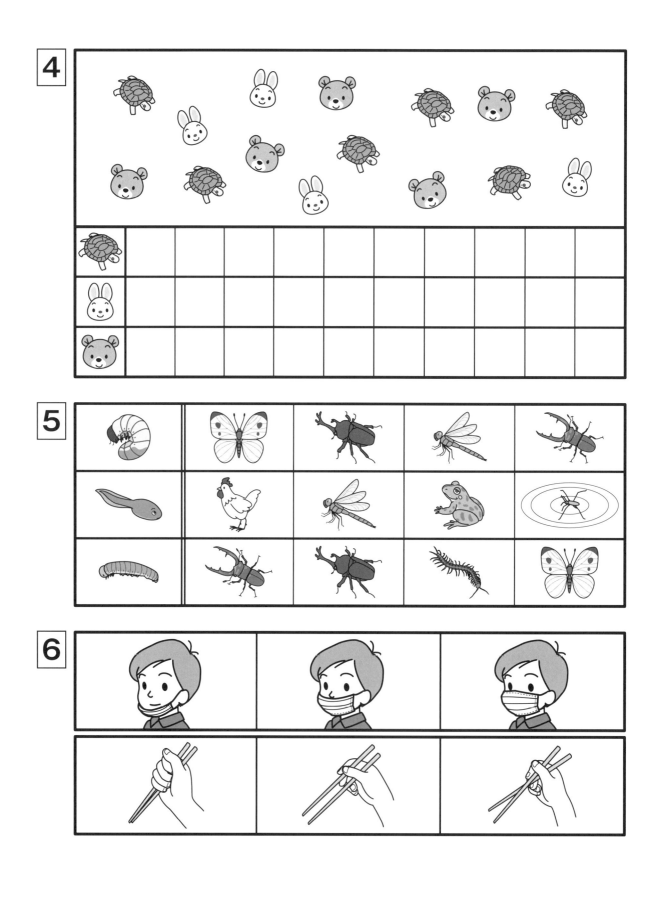

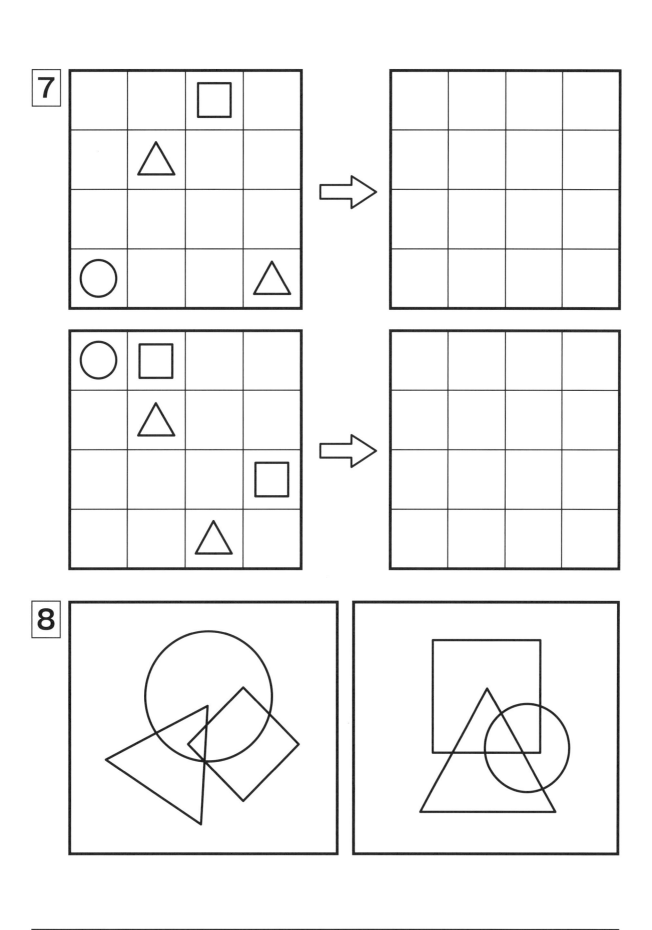

2021 淑徳小学校入試問題

■ 選抜方法

単願（旧推薦）入試と一般入試が行われ、いずれも考査は1日。男女混合の約10人単位で実施される。単願入試は集団テスト、個別テスト、集団面接があり、考査日前に親子面接がある。所要時間は約2時間30分。一般入試はペーパーテスト、集団テスト、考査当日に親子面接がある。所要時間は約1時間30分。

一 般 入 試

■ ペーパーテスト

筆記用具は青のクーピーペンを使用し、訂正方法は＝（横2本線）。出題方法は話の記憶のみ音声、ほかは口頭。

1 話の記憶

「ある日、ブタ君とサルさんとネズミさんが歩いていると、クマのおじさんに会いました。おじさんが『こんにちは』とあいさつをすると、ネズミさんも『こんにちは！』と元気にあいさつをしました。次にリスのおばあさんに会いました。サルさんは、おばあさんが重そうな荷物を持っているのに気がついて、『持ちましょうか？』と言って荷物のリンゴを5個持ってあげました。一緒にいたブタ君は、『僕にはあまりよいところがないなあ……』とだんだん元気がなくなってきました。次の日、公園に行ったブタ君は、ゾウのお兄さんとウサギのお姉さんに元気がないわけを話しました。わけを聞いたゾウのお兄さんは、『ブタ君はすぐにしょんぼりしちゃうところがあるけれど、悩んだり、考えたりすることは大切なことだよ』と話してくれました。ウサギのお姉さんも『そうよ。それに、よいところがない子なんていないはずよ。お友達のよいところがわかるのは、ブタ君のとてもよいところね』と話してくれました。ブタ君は、『僕にもよいところがあるんだ』とだんだん元気が出てきました。そして、自分やお友達のよいところをもっと探したくなりました」

- 1段目です。クマのおじさんに「こんにちは！」と元気にあいさつをしたのはどの動物ですか。○をつけましょう。
- 2段目です。お話の中で元気がなかったのはどの動物ですか。○をつけましょう。
- 3段目です。ブタ君に元気がないわけを聞いたのは、ウサギさんと、どの動物ですか。○をつけましょう。
- 4段目です。サルさんは何個のリンゴを持ってあげましたか。その数だけリンゴが描いてある四角に、○をつけましょう。
- 5段目です。ブタ君が次の日に行った場所はどこですか。○をつけましょう。

2 位置・記憶

・上の絵を見ましょう。（上の絵のみを20秒見せたら隠し、下の絵のみを見せる）今見た絵と違うところ3つに○をつけましょう。

3 位置・記憶

・左の絵を見ましょう。（左の絵のみを20秒見せたら隠し、右の絵のみを見せる）黒い丸があったところ2つに○をかきましょう。

4 数　量

・1段目です。ドングリの数だけ、マス目に1つずつ○をかきましょう。
・2段目です。バナナが4本あります。この後バナナを3本買いました。今、バナナは何本ありますか。その数だけ、マス目に1つずつ○をかきましょう。
・3段目です。ミカンとイチゴの数はいくつ違いますか。違う数だけ、マス目に1つずつ○をかきましょう。

5 推理・思考（水の量）

・上の段です。同じ大きさの入れ物に水を入れました。2番目に多く水が入っている入れ物に○をつけましょう。
・下の段です。同じ大きさの入れ物がいっぱいになるまで水を入れているところです。これから入れられる水が一番多い入れ物に○をつけましょう。

6 推理・思考（比較）

・上の段です。マス目にかいてある太い線が一番長いのはどれですか。そのマス目に○をつけましょう。
・下の段です。同じ太さの筒にひもを巻きました。巻いたひもが2番目に短いのはどれですか。その筒に○をつけましょう。

7 構成（欠所補完）

・左側にある絵の白い四角に入るものを、右から選んで○をつけましょう。

8 観察力

・上の段のお手本と同じになるように、それぞれの形に線を引きましょう。ただし、下の形は向きを変えてはいけません。

9 常識（季節）

・上の段です。左側にある絵と違う季節のものを、右側から選んで○をつけましょう。

・下の段です。左側にある絵と同じ季節のものを、右側から選んで○をつけましょう。

10 常識（道徳）

・上の段です。電車や駅のホームの絵があります。この中で、よい子の絵を選んで○をつけましょう。

・下の段です。子どもたちが勉強をしている様子の絵があります。この中で、よい男の子の絵を選んで○をつけましょう。

11 言語（同頭語）

・上の3つと名前が同じ音で始まるものを選んで、それぞれの印をその下の四角にかきましょう。

12 推理・思考（迷路）

・サルがバナナのところまで行ける迷路を2つ選んで、○をつけましょう。

集団テスト

巧緻性

B4判の花柄の包装紙（3等分に折り線がついているもの）1枚が用意されている。「始め」の合図で折り始め、「やめ」と言われるまでできるだけ小さくなるように折る。一番小さく折れた人が勝ち。

制　作

縁から8ヵ所切り込みが入った紙コップ（切り込みの1ヵ所に青いシール、3ヵ所に赤いシールが貼られている）、9mmの丸シール（黒）2枚、15mmの三角と丸シール（白）各1枚が用意されている。赤いシールのところは内側に、青いシールのところは外側に折るよう指示があり、そこから好きな動物を作る。シールは動物のパーツや模様にするなど、自由に貼る。

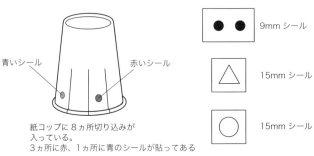

青いシール　赤いシール

紙コップに8ヵ所切り込みが
入っている。
3ヵ所に赤、1ヵ所に青のシールが貼ってある

9mm シール

15mm シール

15mm シール

🔊 行動観察

机の上に、三角と四角の赤い紙（大、小）、四角と丸の青い紙（大、小）、三角と丸の黄色い紙（大、小）が用意されている。

・「赤の小さな四角と青の大きな丸」など、テスターが指示した色と形、大きさの紙を選ぶ。

・お友達と相談し、紙を組み合わせていろいろな形を作る。「やめ」の合図で、同じ大きさの紙を重ねて片づける。色は交ざってもよい。

🔊 行動観察

ふたのないペットボトル、割りばし（割ってあるもの、1人3本）が用意されている。足元にペットボトルを置き、自分の胸の高さからペットボトルの口を目がけて割りばしを落とす。

単 願 入 試

| 集団テスト |

🔊 行動観察

・「だるまさんがころんだ」をして遊ぶ。

・テスター対子どもたちで、体ジャンケンをする。グーはしゃがむ、チョキはバンザイの姿勢で足を前後に出す、パーは両手両足を広げる。

・2cm幅の折り紙（赤、青、緑、黄色、オレンジ色などから3色、各2枚ずつ）、スティックのりが各自に配られる。床にかかれたバツ印のところに座り、「始め」の合図で輪つなぎをする。全部つなぎ終わったら挙手をして、新たにテスターに2枚もらい、輪につなげる。「やめ」と言われるまでくり返す。

🔊 生活習慣

・長袖のシャツをたたんで紙袋に入れる。

・B5判、A4判、B4判の3枚の紙を、大きいものは折るなど工夫して透明なジッパーつきビニール袋に入れる。

| 個別テスト | ブースを順番に移動し、課題を行う。

🔊 言 語

・お名前を教えてください。

・お家ではいつも何をしていますか。

・好きな（嫌いな）食べ物は何ですか。

・好きな絵本は何ですか。

推理・思考（比較）

長さの違う数本のひもが描かれた紙を見せられ、「この中で一番長いひもはどれですか」などと質問される。

数 量

「バナナが6本ありました。サルが2本食べました。今、残っているバナナは何本ですか」などと質問される。

集 団 面 接　6人1組で行う。

・幼稚園（保育園）で好きな遊びは何ですか。

・好きな絵本は何ですか。

親 子 面 接　一般、単願共通。

本 人

・お名前を教えてください。

・誕生日を教えてください。

・誕生日にもらったプレゼントは何ですか。

・幼稚園（保育園）は楽しいですか。

・幼稚園（保育園）はお弁当ですか、給食ですか。

・お母さんが作るお料理で何が一番好きですか。

・習い事はしていますか。

・仲よしのお友達の名前を教えてください。

・お友達とけんかをしたらどうしますか。

父 親

・志望理由をお聞かせください。

・どのようなお仕事をされていますか。

・緊急時のお迎えはどなたがしますか。

・休日はお子さんとどのように過ごしていますか。

・お子さんの成長を感じるのはどのようなときですか。

・上のお子さんの学校についてお聞かせください。

・お子さんが学校でいじめられたと言って帰ってきたらどうしますか。

母　親

・本校をどのようにして知りましたか。

・数ある私立小学校の中で本校を選んだ理由を教えてください。

・幼稚園（保育園）でのお子さんの様子を教えてください。

・幼稚園（保育園）と小学校の違いは何だと思いますか。

・なぜ、上のお子さんと違う学校を選んだのですか。

・学童（淑徳アルファ）の利用を考えていますか。

・バザーなど本校の行事への参加はできますか。

・緊急事態が起きたとき、どのような手段でどのくらいの時間で学校へ来ることができますか。

・本校に対して、ご不明な点はありますか。

面接資料／アンケート

単願の場合は出願時に推薦書を提出する。以下のような項目がある。

・単願の志望理由。

・家庭の教育方針。

1

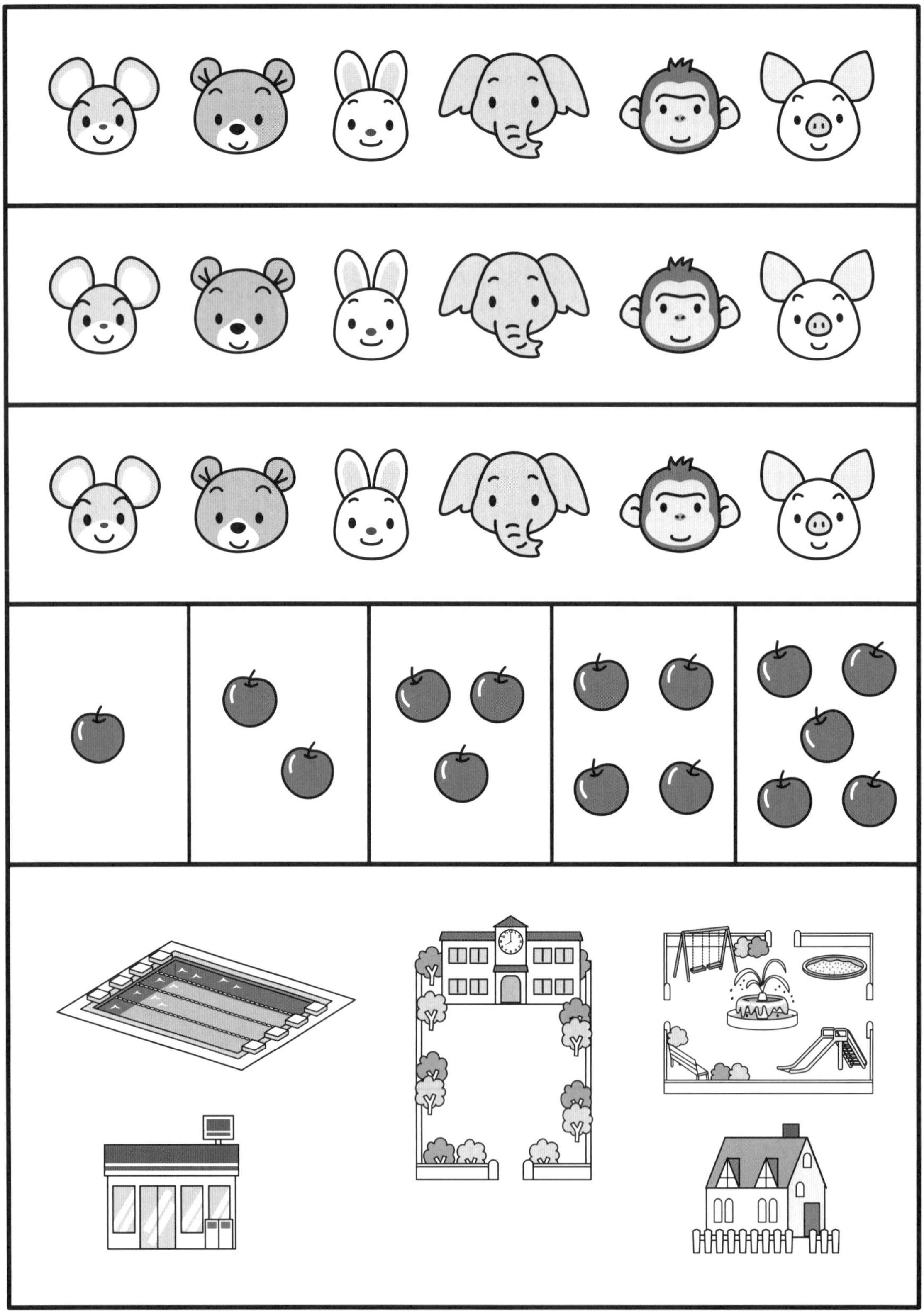

2

3

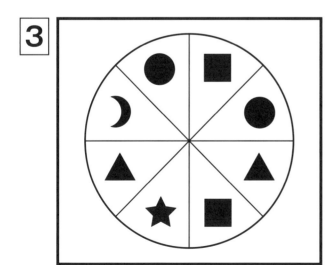

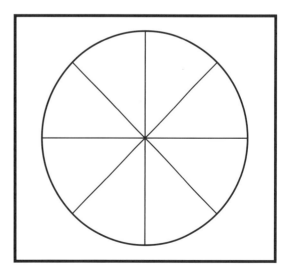

4

(acorns)					
(bananas)					
(oranges and strawberries)					

5

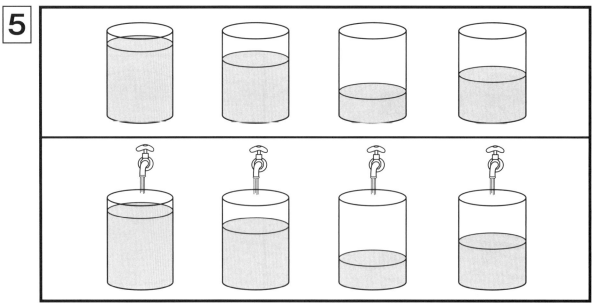

6

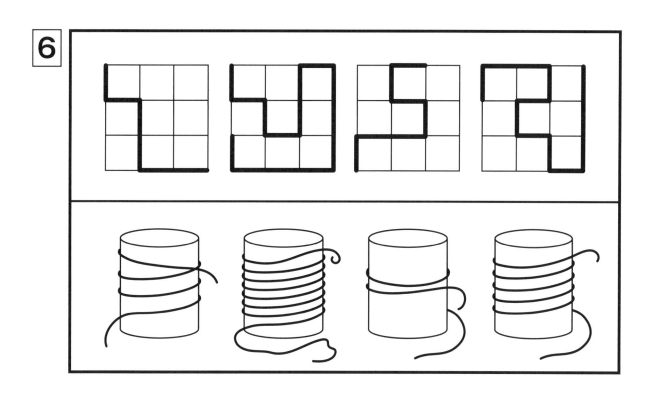

7

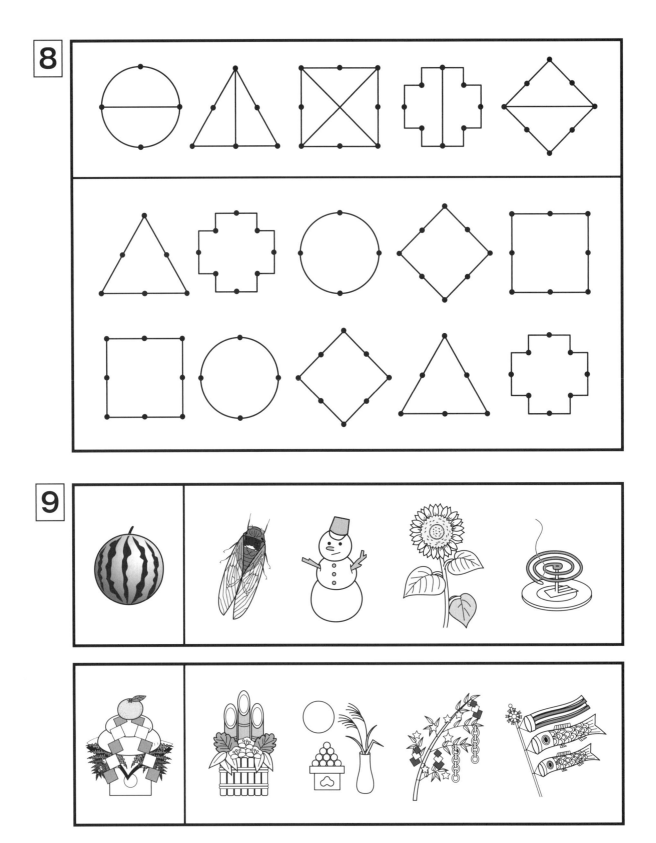

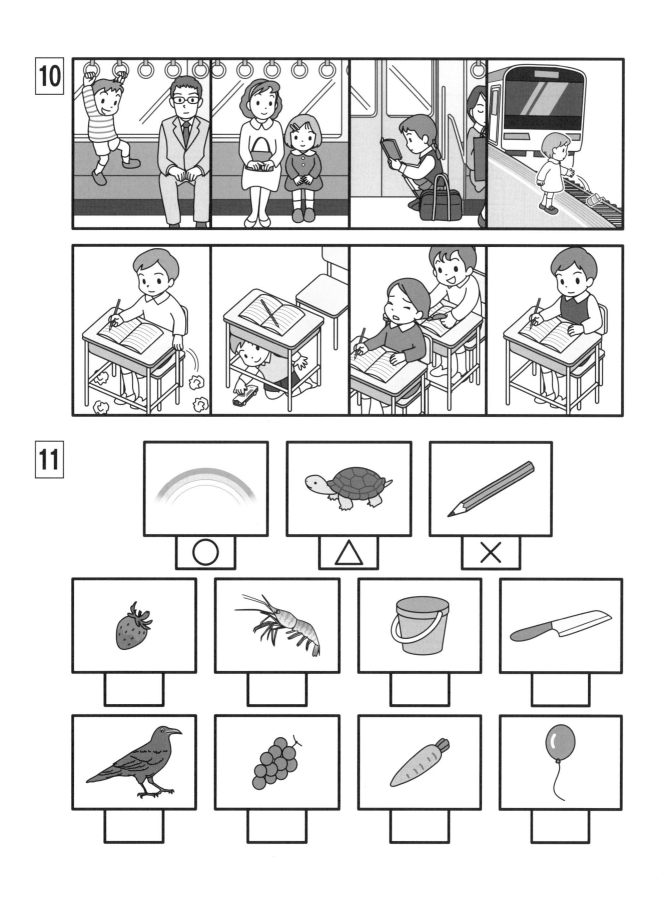

12

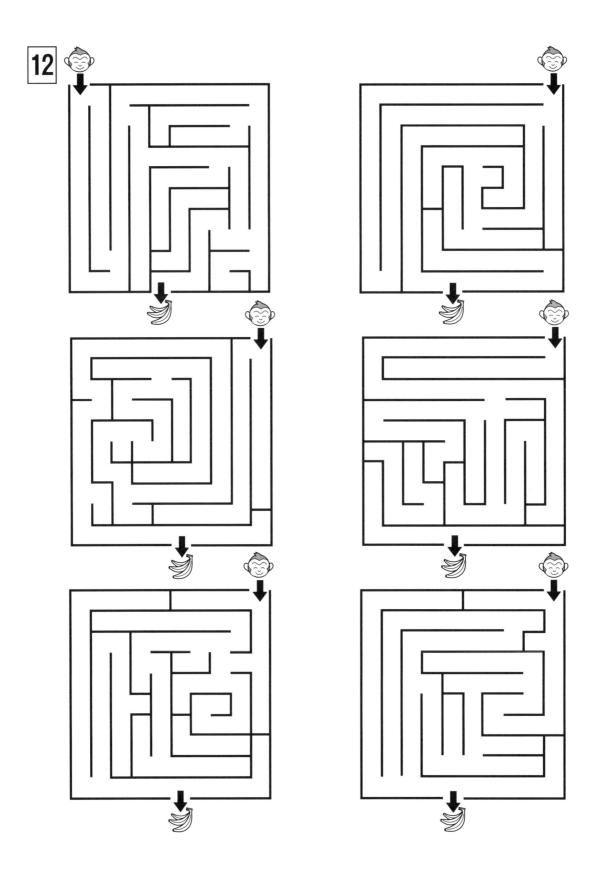

^{section}
2020 淑徳小学校入試問題

■ 選抜方法

単願（旧推薦）入試と一般入試が行われ、いずれも考査は1日。男女混合の約10人単位で実施される。単願入試は集団テスト、個別テスト、集団面接を行い、考査日前に親子面接がある。所要時間は約2時間。一般入試はペーパーテスト、集団テスト、考査当日に親子面接がある。所要時間は約1時間30分。

一般入試

▌ペーパーテスト

筆記用具は青のクーピーペンを使用し、訂正方法は＝（横2本線）。出題方法は話の記憶のみ音声、ほかは口頭。名前は自分で書く。

1 話の記憶

「ウサギさんとネズミさん、そしてリスさんとタヌキ君が原っぱで追いかけっこをしていました。そのうちに、向こうの方にイチゴ畑があるのをリスさんが見つけました。『ねえ、イチゴ畑に行ってみようよ』とリスさんが言うので、みんなでイチゴ畑に行ってみることにしました。畑に着くと、リスさんが『わたし、イチゴが食べたいな』と言いました。するとタヌキ君が畑にある看板を見つけて、『だめだめ。ここに、この畑に入ってはいけませんって書いてあるよ。イチゴはおいしそうだけど、あきらめようよ』と言いました。どうしてもイチゴが食べたいリスさんは、そのとき看板の下に何かが落ちているのを見つけました。『これ、イチゴの食べかすよ。少しくらいなら食べてもいいのよ』とみんなに言いました。みんなは『そうだね。おいしそうだから、少しだけいただいちゃおうか』と言い、畑に入ろうとしたそのときです。『でも……やっぱり畑のイチゴを勝手に食べるのはよくないよね。大切に育てている人に悪いよね』とリスさんが言いました。あんなにイチゴを食べたがっていたリスさんが言ったので、みんなは顔を見合わせて笑ってしまいました。それから動物たちはまた原っぱへ戻り、追いかけっこの続きをしました」

・1段目です。お話に出てこなかったのはどの動物ですか。○をつけましょう。

・2段目です。『この畑に入ってはいけません』と書かれた看板を見つけたのはどの動物ですか。○をつけましょう。

・3段目です。追いかけっこをしていた動物たちが行ったのは、何の畑ですか。○をつけましょう。

・4段目です。畑でイチゴの食べかすを見つけたのはどの動物ですか。○をつけましょう。

2 記　憶

・上の絵を見ましょう。（上の絵のみを15秒見せたら隠し、下の絵のみを見せる）今見たものと同じものに○をつけましょう。

3 位置・記憶

・上の絵を見ましょう。（上の絵のみを20秒見せたら隠し、下の絵のみを見せる）今見たお手本と同じところにあるTシャツに○をつけましょう。

4 数　量

・大きな四角に、はさみと消しゴム、鉛筆はそれぞれいくつありますか。その数だけ、それぞれの絵の横のマス目に1つずつ○をかきましょう。

5 推理・思考

・矢印の方向に回る観覧車に、並んでいる動物が順番に乗っていきます。最初にリスが星印のゴンドラに乗り、続いてその後の動物が1匹ずつ順番に乗っていくと、ゾウはどのゴンドラに乗りますか。そのゴンドラに○をつけましょう。

・一番高いところにあるゴンドラにはクマが乗っています。クマは下まで来ても降りずに次の1周もそのまま乗っていくそうです。では、先ほどと同じようにリスが星印のゴンドラに乗り、続いてその後の動物が1匹ずつ順番に乗っていくと、ネズミはどのゴンドラに乗りますか。そのゴンドラに△をつけましょう。

6 推理・思考（進み方）

・左上に進み方のお約束がかいてあります。ハートからダイヤ、星の順に進むお約束です。では、下のマス目を見てください。左上のハートからお約束の順番で進み、右下の星に着くように線を引きましょう。縦、横には進めますが、斜めに進むことはできません。

7 常　識

・果物がなっているいろいろな木があります。この中で、おかしいと思う木に○をつけましょう。

8 点図形

・左のお手本と同じになるように、右にかきましょう。

集団テスト　5人のグループに分かれて行う。

集団ゲーム（カードめくり）

2つのグループがそれぞれ赤と青のチームになり、対抗で行う。床の上に、表が赤、裏が青のカードがたくさん置いてある。「ヨーイ、ドン」の合図で、自分たちのチームの色が表になるようにできるだけたくさんカードをめくる。「やめ」と言われたら手を止め、自分たちのチームの場所に戻る。表のカードの色が多いチームの勝ち。

行動観察（シール貼り）

動物（ネコ、イヌ、ウサギ、ネズミ）のシールがそれぞれ複数枚、形（ハート、三角、四角、丸）がかかれた台紙が各1枚用意されている。

・それぞれの台紙に、決められたシールを貼っていく。ネコのシールはハートの台紙に、イヌのシールは三角の台紙に、ウサギのシールは四角の台紙に、ネズミのシールは丸の台紙に貼る。グループで協力してネコ、イヌ、ウサギ、ネズミの順番に貼っていく。
・異なるシールを各自2枚持ち、さっきと同じお約束で台紙にそれぞれのシールを貼っていく。グループで、どのようにしたらスムーズに貼れるかを相談してから行う。

単願入試

集団テスト

指示行動

テスターがけったボールを足で止める。

行動観察

・「だるまさんがころんだ」をして遊ぶ。
・5人グループで運転手、車掌、お客さんの役割を決めて、電車ごっこをして遊ぶ。
・5人くらいで輪になり、1つの風船を床に落とさないように1人3回ずつつき、次の人につないでいく。

生活習慣

・長袖のシャツをたたんで紙袋に入れる。
・B4判の色の異なる3枚の紙を半分に折り、A4サイズのクリアフォルダに入れる。
・バラバラに置いてあるクレヨンを箱にしまう。

▌ 個別テスト ▐ ブースを順番に移動し、課題を行う。

▤ 言　語

- ・お名前を教えてください。
- ・幼稚園（保育園）の名前を教えてください。
- ・幼稚園（保育園）の先生の名前を教えてください。

▤ 言語（文の復唱）

- ・今から先生が言った通りにお話ししましょう。「お母さんとお買い物に行って、リンゴとミカンを2個ずつ買いました」

▌ 集 団 面 接 ▐ 6人1組で行う。

- ・今日の朝ごはんは何を食べましたか
- ・あなたはおはじきを持っていますか。

▌ 親 子 面 接 ▐ 一般、単願共通。

本 人

- ・お名前を教えてください。
- ・誕生日を教えてください。
- ・幼稚園（保育園）の先生の名前を教えてください。
- ・幼稚園（保育園）のお友達の名前を教えてください。
- ・いつもどのような遊びをしますか。
- ・お友達とけんかをすることはありますか。けんかをしたらどうしますか。
- ・お友達に嫌なことを言われたらどうしますか。
- ・お母さんの作るお料理で好きなものは何ですか。
- ・給食で嫌いなものが出てきたらどうしますか。
- ・電車やバスの中で気をつけることはどんなことですか。
- ・小学校に入ったら何をしたいですか。
- ・この学校の名前を知っていますか。

父 親

・志望理由をお聞かせください。

・本校に来たことはありますか。そのときの印象はいかがでしたか。

・休日はどのように過ごしていますか。

・お子さんの長所と短所を教えてください。

・幼稚園（保育園）のお迎えには行っていますか。

母　親

・志望理由をお聞かせください。

・本校をどのようにしてお知りになりましたか。

・本校の印象はいかがですか。

・幼稚園（保育園）では、お子さんはどのようなことでほめられますか（注意されますか）。

・健康上の留意点、アレルギーなど学校側に何か留意してほしいことはありますか。

・学童（淑徳アルファ）は利用されますか。

・学童（淑徳アルファ）は全員が入れるわけではありませんが、大丈夫ですか。

1

2020

2

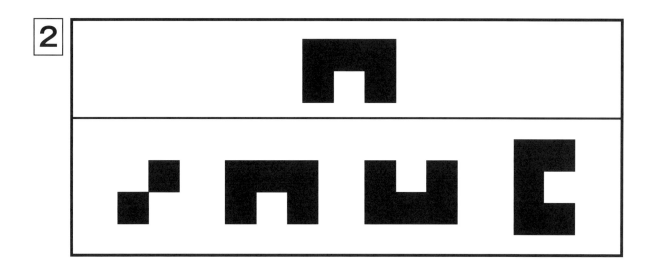

3

2020

4

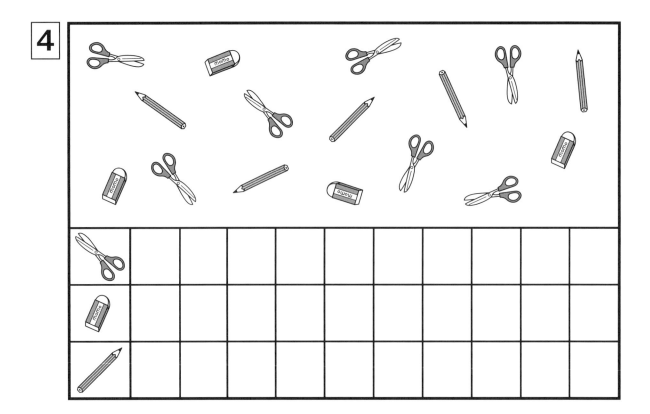

5

6

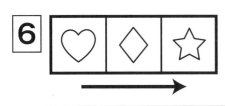

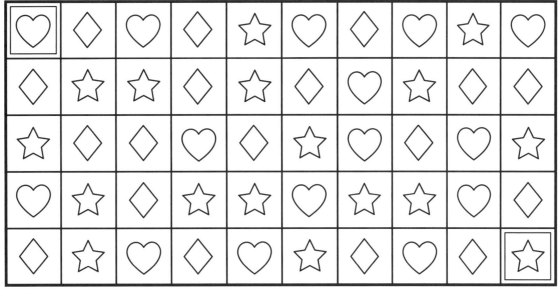

7

2020

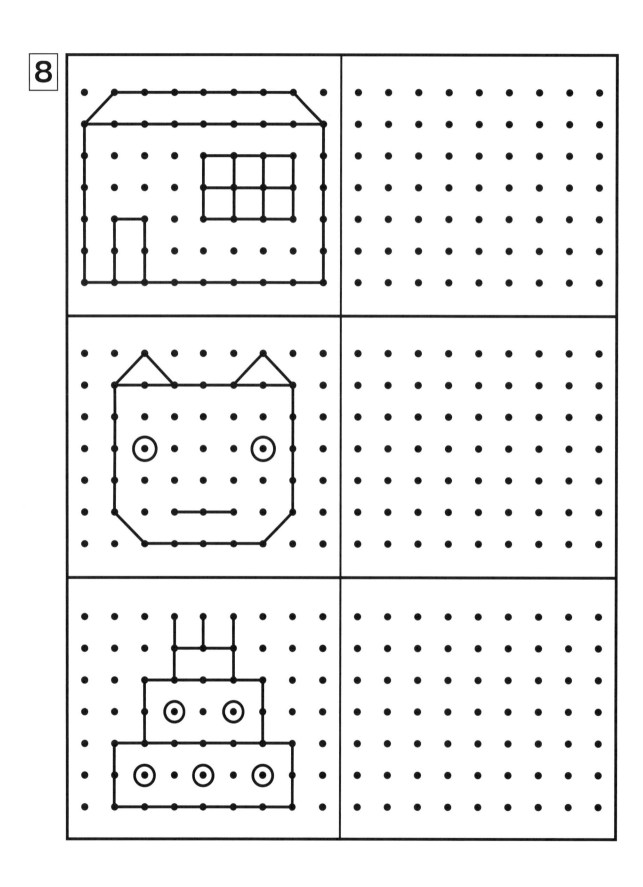

2019 淑徳小学校入試問題

■ 選抜方法

推薦入試と一般入試が行われ、いずれも考査は1日。男女混合の6〜15人単位で実施される。推薦入試は集団テスト、個別テスト、集団面接を行い、考査日前に親子面接がある。所要時間は約2時間30分。一般入試はペーパーテスト、集団テスト、考査当日に親子面接がある。所要時間は約1時間30分。

一般入試

┃ ペーパーテスト ┃

筆記用具は青のクーピーペンを使用し、訂正方法は ＝（横2本線）。出題方法は話の記憶のみ音声、ほかは口頭。名前は自分で書く。

1 話の記憶

「今日は動物村のお祭りです。村の動物たちが集まりました。クマのブータ君はこの日を楽しみにしていました。いつもは仲よしのリス君と縄跳びをして遊んでいますが、今日はたくさんの動物たちといろいろな遊びができると思ったからです。ゾウ君がやって来ました。ブータ君がゾウ君に何をして遊びたいか聞くと、ゾウ君は『みんなで積み木を使ってお城を作りたい』と言いました。お話をしていると、リス君のきょうだいがやって来ました。しばらく経つとタヌキさんもやって来たので、みんなでお絵描きをしたり、折り紙をして楽しく遊びました。ケン玉競争をしたときに、一番上手だったのはタヌキさんでした。おやつの時間になりました。ゾウ君は一番のお兄さんなので、みんなのためにアメを持ってきていました。ゾウ君は、ブータ君とタヌキさん、そしてリスのお兄さんにアメを3個ずつあげました。『リス君、残念だけど弟の分は持ってきていないんだ。ごめんね』とゾウ君が言うと、リス君は『だいじょうぶだよ。僕の分を分けてあげるから』と言って持っているアメを1つ弟に分けてあげました。みんなはゾウ君にお礼を言って、おいしくアメをいただきました」

・お話に出てこなかったのはどの動物ですか。○をつけましょう。
・ブータ君はどの動物ですか。○をつけましょう。
・ブータ君は仲よしのリス君といつも何をして遊んでいましたか。○をつけましょう。
・ブータ君はアメを何個もらいましたか。その数のアメが描かれた四角に○をつけましょう。
・アメを配ったのはどの動物でしたか。○をつけましょう。

2 絵の記憶

・左の絵を見ましょう。（左の絵のみを20秒見せたら隠し、右の絵のみを見せる）今見
たもの３つに○をつけましょう。

3 位置・記憶

・左のマス目を見ましょう。（左のマス目のみを20秒見せたら隠し、右のマス目のみを
見せる）今見たマス目にあった○と×を、マス目の同じところにかきましょう。

4 推理・思考（水の量）

・水が一番多く入っている入れ物はどれですか。○をつけましょう。

5 数　量

・一番上です。バスに乗っている動物の数だけ、隣のマス目に○をかきましょう。
・真ん中です。このバスに、次のバス停でイヌが２匹乗ってきました。バスの中のイヌは
全部で何匹になりますか。その数だけ隣のマス目に○をかきましょう。
・一番下です。このバスから、次のバス停でウサギが１匹降りました。バスの中のウサギ
は全部で何匹になりますか。その数だけ隣のマス目に○をかきましょう。

6 数量（対応）

・一番左を見ましょう。大きなパックと小さなパックから牛乳を注ぐと、それぞれ矢印の
下にあるカップの数だけ入ります。では、すぐ右にあるパックの牛乳をカップに入れる
と、全部で何杯分になりますか。その数だけ、右のカップに１つずつ○をつけまし
ょう。

7 数　量

・上です。左側に積んである積み木は全部でいくつありますか。その数だけ右のマス目に
○をかきましょう。
・下です。左と右で、積み木の数が多い方に○をつけましょう。

8 推理・思考（重さ比べ）

・シーソーで重さ比べをすると、左の絵のようになりました。この中で一番軽い果物はど
れですか。右から選んで○をつけましょう。

9 観察力

・いろいろな形のカードを使って、左のようなお城を作りました。このお城を作るのに使

わないカードを右から選んで○をつけましょう。

10 推理・思考（四方図）

・机の上のカップケーキとアメを、それぞれの向きから動物たちが見ています。イヌさんのところから見ると、カップケーキとアメはどのように見えますか。右から選んで○をつけましょう。

11 推理・思考（回転図形）

・左の絵を矢印の方向にコトンと1回倒すとどのようになりますか。右から選んで○をつけましょう。

12 常識（生活）

・この中で、お手伝いをしている様子の絵を3つ選んで○をつけましょう。

13 常　識

・上の段です。夏のお花に○をつけましょう。
・下の段です。土の中で育つものに○をつけましょう。

14 常識（生活）

・上の段です。スプーンを使って食べるものに○をつけましょう。
・下の段です。火事のときにお仕事をするものに○をつけましょう。

集団テスト

◆ 巧緻性

自分の持っているハンカチを使い、指示通りに折ってバッグを作る。

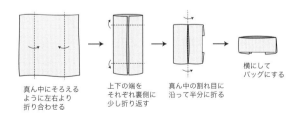

真ん中にそろえるように左右より折り合わせる　上下の端をそれぞれ裏側に少し折り返す　真ん中の割れ目に沿って半分に折る　横にしてバッグにする

◆ 集団ゲーム

6～10人のチームに分かれて行う。1人ずつ順番に、紙皿の上に風船を載せて向こう側の机まで行き、タッチして戻る。戻ったら、次の人に風船を載せた紙皿を渡し、列の後ろ

に並ぶ。先に全員がゴールしたチームの勝ち。風船が落ちたら、手で拾いその場からやり
直す。

📑 行動観察

テスターが鳴らした太鼓の音の数と同じ人数のお友達とグループを作り、手をつないでその場に座る。

集団テスト

ブースを順番に移動し、課題を行う。

📑 行動観察

・「だるまさんがころんだ」をして遊ぶ。
・6人くらいで輪になり、1つの風船を床に落とさないように手でつきながらみんなで回す。1人が2回続けてついてはいけない。
・床に引かれた線の上を行進する。テスターが鳴らした太鼓の音と同じ数のお友達でグループを作り、手をつないで座る。

📑 トランプゲーム

トランプで神経衰弱をする。

📑 生活習慣

・長袖のシャツをたたんで巾着袋に入れる。
・ファスナーつきファイルケース（B5サイズ）に、B4判（白）、A4判（白とオレンジ色各1枚）の紙を入れる。入れ方は自分で考える。

個別テスト

ブースを順番に移動し、課題を行う。

📑 言　語

・お名前を教えてください。
・幼稚園（保育園）の名前を教えてください。
・今日は何を食べてきましたか。

📑 数　量

青、黄色の棒（長さ約5cm）が何本か用意されている。
・（丸、三角、四角がいくつかかかれた台紙を見せられて）四角の数だけ青い棒を置きましょう。
・（男の子4人が描かれた絵を見せられて）ここに2人来ると、全部で何人になりますか。その数だけ黄色の棒を置きましょう。

位置・記憶

おはじき（赤、黄色など数個ずつ）が用意されている。マス目にいろいろな色のおはじきが置かれたお手本を見せられる。お手本を隠された後、解答用のマス目の台紙にお手本と同じになるようにおはじきを置く。

言語（文の復唱）

・今から先生が言った通りにお話ししましょう。「お母さんとお買い物に行って、リンゴとミカンを2個ずつ買いました」

集団面接
6、7人1組で行う。質問に手を挙げて、テスターに指名された人から答える。

・好き（嫌い）な食べ物は何ですか。
・お父さんやお母さんが作ってくれるお料理で、好きなものは何ですか。
・嫌いな食べ物が出たらどうしますか。
・小学生になったときに楽しみなことは何ですか。

親子面接
一般、推薦共通。面接官は2人。

本人

・お名前を教えてください。
・誕生日を教えてください。
・幼稚園（保育園）の名前を教えてください。
・幼稚園（保育園）の先生の名前を教えてください。
・幼稚園（保育園）でどんな遊びをしますか。
・幼稚園（保育園）で仲のよいお友達の名前を教えてください。
・お友達とけんかをしたことはありますか。どうやって仲直りしますか。
・好きな遊びは何ですか。
・お友達に嫌なことをされたり、言われたりしたらどうしますか。
・動物園にいる好きな動物は何ですか。

・お母さんが作るお料理で好きなものは何ですか。
・好き（嫌い）な食べ物を教えてください。
・給食で嫌いなものが出たらどうしますか。
・電車やバスの中で気をつけた方がよいことは何ですか。
・小学生になったら、どのようなことを頑張りたいですか。

父　親

・休日はお子さんとどのように過ごしていますか。
・本校に期待することは何ですか。
・お子さんの長所と短所を教えてください。

母　親

・お子さんの性格、長所と短所を教えてください。
・幼稚園（保育園）でのお子さんについて、印象的なエピソードはありますか。
・子育てで気をつけていることは何ですか。
・子育てにおいて困っていることや苦戦していることはありますか。
・入学に際し、アレルギーなど健康面で心配なことはありますか。
・お子さんが病気やけがでお迎えが必要なときはどうしますか。
・本校に期待することは何ですか。
・学童（淑徳アルファ）を希望されますか。

1

2

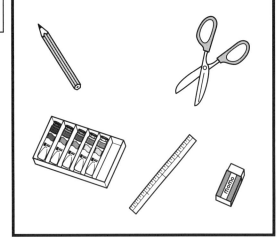 

3

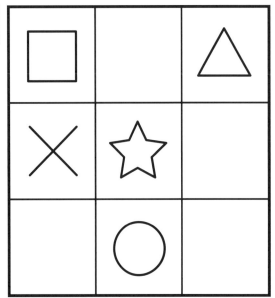 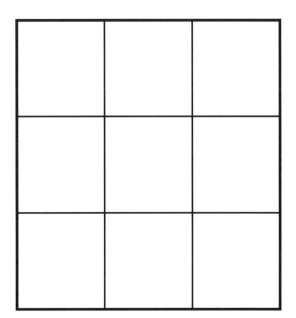

4

2019

5

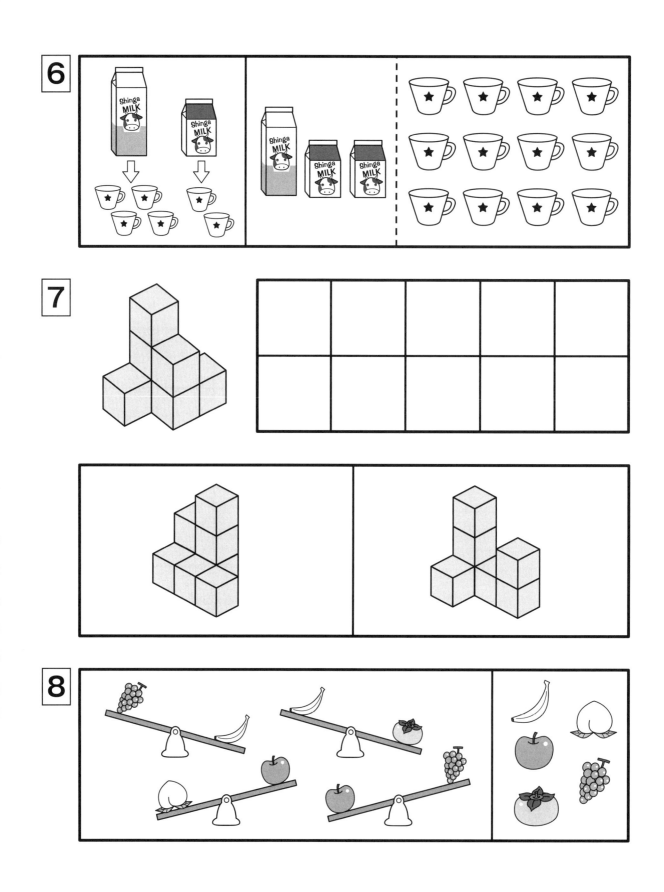

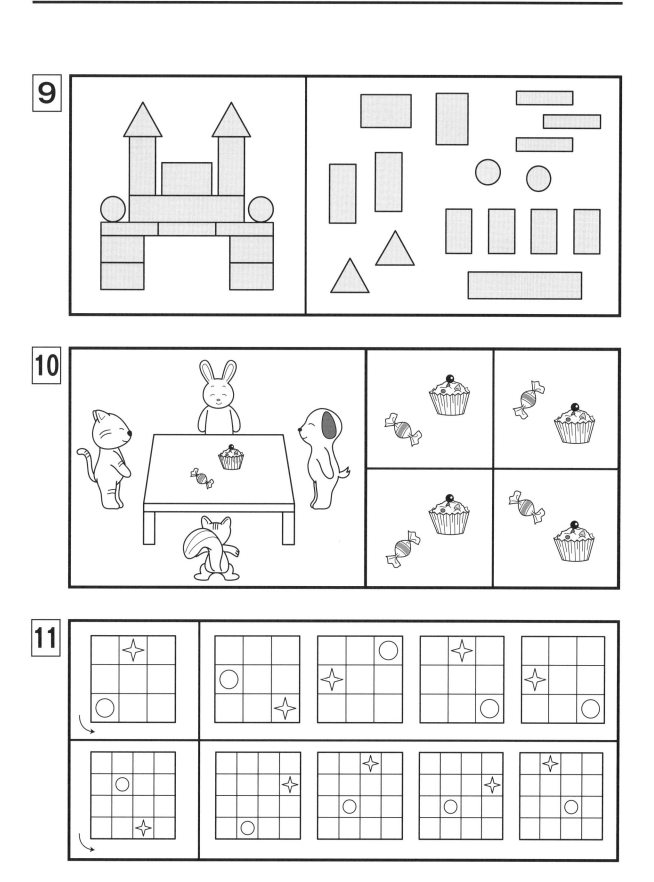

12

13

14

淑徳小学校
入試シミュレーション

淑徳小学校入試シミュレーション

「今日はしょう君の誕生日会です。『早くみんな来ないかな。楽しみだなあ』。しょう君は
お友達が集まるのをワクワクしながら待っていました。するとさっそく、1人目のお友達
が来ました。『しょう君、お誕生日おめでとう！　はい、これプレゼントよ！』と、元気な
声でやって来たのはみよこちゃんです。みよこちゃんは、顔が隠れるくらいの大きな花束
をしょう君にプレゼントしてくれました。『すごいなあ、とてもキレイ！　枯れないよう
に毎日お水を換えよう。それにしても、今日のみよこちゃんはいつもよりおしゃれしてか
わいいな』と、しょう君が顔を赤くしながらみよこちゃんに見とれていると、『こんにち
は！　しょう君、お誕生日おめでとう！』と、次に来たのはクラスで一番背の高いなおき
君です。なおき君からしょう君へのプレゼントは車のおもちゃでした。『わあー！　どう
もありがとう』。目をキラキラさせながら車のおもちゃに見とれていると、『こんにちは！
　今日はお兄ちゃんと一緒に来たの！　だからプレゼントも2つなのよ、はい！』と、次
にやって来たのは隣の家に住んでいるりこちゃんと、お兄さんのりく君です。しょう君へ
のプレゼントは、とても暖かそうなマフラーと手袋でした。『僕の好きな緑だ！　すてき
なプレゼントをありがとう』。みんなが集まったところで、しょう君のお母さんが作って
くれたケーキを食べることにしました。すると、お母さんが『そうだわ！　ケーキを食べる
前にお母さんからのプレゼントよ。お誕生日おめでとう』と言って、しょう君に渡したもの
は新しい靴でした。『しょうはもう5歳になってどんどん大きくなっているからね。身につ
けるものが小さくなってしまったわね。靴と帽子で迷ったけど、今履いている靴がきつそ
うだから靴にしたの。どうかしら？』しょう君は新しい靴を見て言いました。『この靴、僕
が前に靴屋さんの前を通ったときにかっこいいって言ってたものだ！　お母さん覚えてい
てくれたんだね。どうもありがとう、大事にするよ！』そして、しょう君は思いました。『お
母さんはいつも僕のことを思ってくれているんだな。僕もお母さんのためにいろいろ頑張
ろう』。また1つ、お兄さんに近づいたしょう君の誕生日会でした」

- しょう君がプレゼントにもらったものに○をつけましょう。
- 誕生日会には、しょう君とお母さんも入れて全部で何人集まりましたか。その数だけプ
  レゼント箱の横の四角に○をかきましょう。

2 絵の記憶

- （上の絵のみを見せて）ここに描いてある生き物をよく見て覚えましょう。（上の絵を隠
  して、下の絵のみを見せる）今見た絵の中にいなかった生き物を選んで○をつけましょ
  う。1つではありません。

3 数 量

- 絵の中のリスとドングリの数を数えて、それぞれの四角にその数だけ○をかきましょう。
- 下の四角の中のドングリを2匹のリスで仲よく分けると、それぞれいくつずつになりますか。1匹のリスがもらえる数だけ、その下の四角に○をかきましょう。

4 数 量

- それぞれの段に描かれている生き物の足を合わせると全部で何本になりますか。その数だけ、それぞれの横の四角に○をかきましょう。

5 模 写

- 左のお手本と同じになるように、右のマス目に印をかきましょう。向きや形をよく見ましょう。

6 観察力（同図形発見）

- 左のお手本と同じものを右から1つ探して、それぞれ○をつけましょう。ただし、向きを変えてはいけません。

7 推理・思考（水の量）

- それぞれの入れ物に砂糖を入れたとき、一番甘くなると思うものに○をつけましょう。下の段まで同じようにやりましょう。

8 推理・思考（条件迷路）

- ウサギがニンジン畑に行きます。一番早くニンジン畑に行けるのはどの道ですか。その道に線を引きましょう。

9 常識（季節）

- 夏と仲よしのものには○、冬と仲よしのものには△をつけましょう。

10 常 識

- 上の段です。電車の中の様子です。この中で、あなただったらこうすると思う男の子の絵に○をつけましょう。
- 真ん中の段です。桃太郎のお話に出てくる生き物に○をつけましょう。
- 下の段です。お庭を掃除するときに使うものに○をつけましょう。

11 言語 (しりとり)

・四角の中のものをしりとりでつなげます。最初になるものに○、最後になるものに✕を
つけましょう。2つともやりましょう。

12 構成 (欠所補完)

・空いているところに入る絵を、右から選んで○をつけましょう。

13 系列完成

・いろいろな絵が決まりよく並んでいます。印のある四角に入るものをすぐ下から選んで、
その印をつけましょう。下の段もやりましょう。

1

2

4

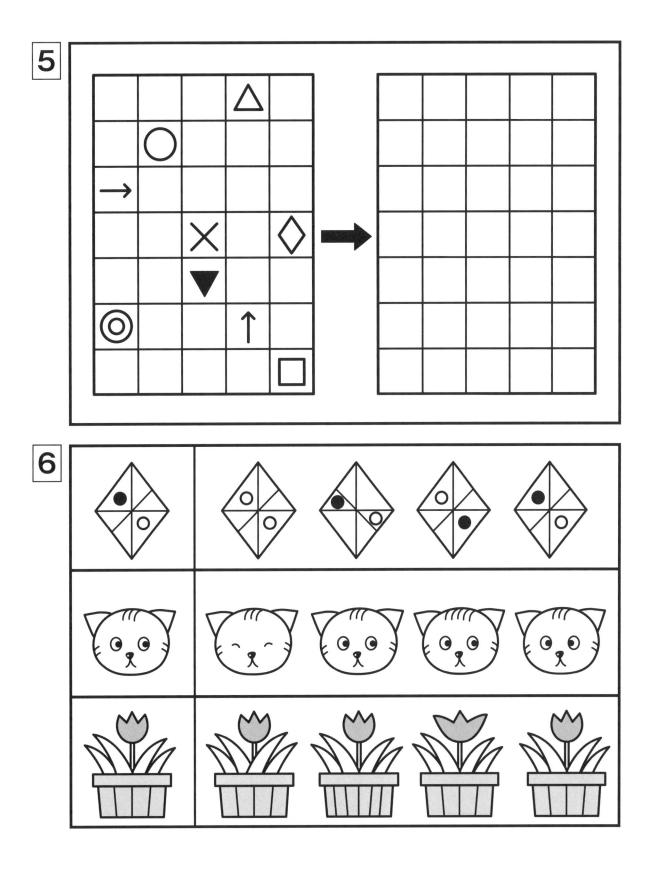

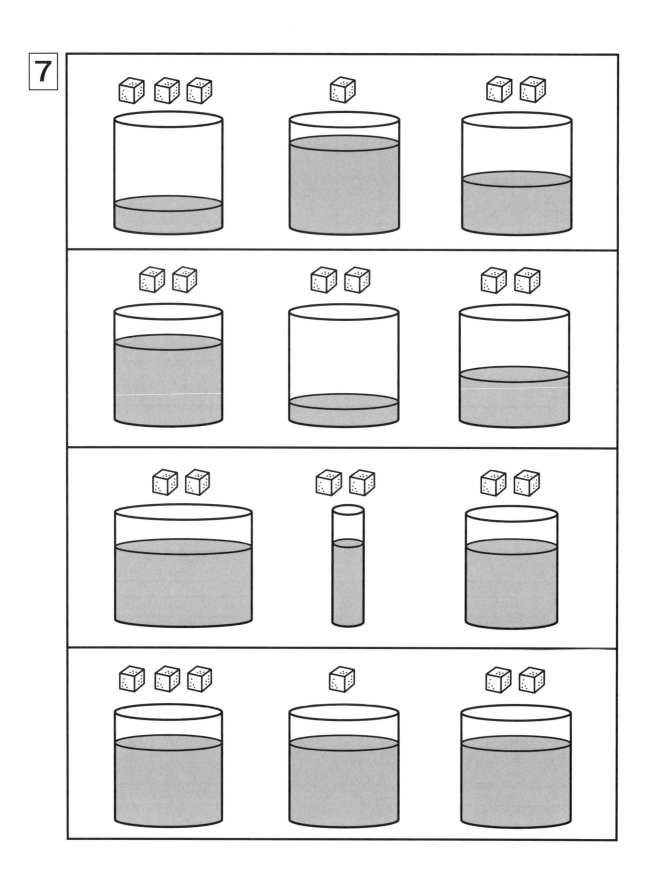

8

MEMO

［過去問］

2024
宝仙学園小学校
入試問題集

・問題内容についてはできる限り正確な調査分析をしていますが、入試を実際に受けたお子さんの記憶に基づいていますので、多少不明瞭な点はご了承ください。

宝仙学園小学校
過去5年間の入試問題分析
出題傾向とその対策

2023年傾向

一般入試は昨年度と同様、2日間で行われました。考査の内容は例年通りで、ペーパーテスト、個別テスト、集団テスト、運動テストが実施されました。巧緻性は、お手本と同じように絵を描いてひもを結ぶ課題でした。ひらがなを読む課題では例年同様、昔話や生活習慣についての常識が問われたほか、複数の空欄のうち青と赤の四角に入るものを選ぶしりとりの問題が3年連続で出題されました。

傾　向

宝仙学園小学校は、仏教の精神に基づき、豊かな情操と敬虔な気持ちを育てることを伝統としています。その一環として、5年生からは男女とも剣道が正課に組み込まれ、礼儀正しさや相手を思う心を育む教育活動を実践しています。それと並行して高い学力を身につける指導を目標に掲げているところがこの学校の大きな特色で、考査では幅広い学力の基礎が身についているかを評価します。また、一般の考査とは別に、前もって推薦入学選考が設けられているのも特徴です。これは、宝仙学園小学校への入学を第一志望とする子どもを対象に、通っている幼稚園（保育園）の園長や塾長の推薦があることが原則です。推薦の条件は「知能指数が125以上であること、志願者ならびに保護者が推薦に値すること」で、推薦入試に不合格となっても、一般入試への出願は可能です。ペーパーテストでは、ひらがなの文章を自分で読んで取り組む問題が毎年必ず出題される点が、他校の考査にはない特筆すべき事項です。ひらがなが読めるだけでなく、文意を理解する力が必要です。位置も毎年出題されますが、マス目を使うのが特徴です。動くマス目の数が一度に5つ以上と多いものもあり、さらに○や△など記入する形の指示がそのつどあって条件が複数となっていることもポイントです。過去には楽器の音で進む方向や数が指示された年もありましたが、2019年度からは口頭での指示に戻り、水たまりが描いてあるマス目を飛ばして進むという条件が加わりました。模写の課題では図形を正しい位置にそのままかかせるもの、置換では丸や三角を指示通りの印に置き換えてかかせる課題などが出題されていますが、置き換えの約束が絵で示され

ないので、聞き取った指示や約束に従って置き換えができるようにしておく必要もあります。話の記憶は、話の順序をしっかり把握しながら聞き、記憶したことを正確に表せる力が試されています。数量は、増減の結果を問うもの、同数ずつ２人で分けるものなど、自分の頭の中で概念としての数をしっかりとらえ、筋道を立てて数を操作していく思考力が問われています。また、条件迷路の出題が毎年あるなど推理力が問われる傾向が強く、写真に写った様子から並び順を推理する問題も毎年出題されています。ひらがなを読んで行う言語・常識の課題では、あいさつや数詞、昔話に関する常識、しりとりなどが出題されています。集団テストの行動観察では、積み木を使ってグループで１つのものを作り上げるなどの過程で、お友達と仲よく遊べる社会性や日常の生活習慣が身についているかが見られます。運動テストは、模倣体操や片足バランスなどで、基本的な運動能力を見るものとなっています。

対　策

人の話をきちんと聞き、正しく理解する力が身についているか、自分の頭でしっかり筋道を立てて考える姿勢が身についているかが問われます。まずは、物事に集中して取り組む姿勢を家庭で育成することが大切です。そして、特定の分野に偏らないペーパーテスト対策を行い、どのような形で出題されても対応できる基礎力を徹底して培いましょう。段階に応じてレベルアップを図り、実力を養成していくことが大切です。また、ひらがなを読むことができるよう、文字に慣れておく必要があります。まず、問題文を読んで理解すること、日常で目にする食べ物や動物だけではなく、丸やバツなどの印、動作や様子を表す言葉、ものの数え方や季節、昔話のキーワードなどの常識もひらがなで理解を深めましょう。また、ただ文字を読むのではなく、言葉と一致させながら答えを導けるよう、「たべる、みる、かく」などの日常の行動を、親がひらがなで書き示して親子で一緒に復唱してみるなど、家庭でも文字を身近なものとしておきましょう。さらに、ひらがなで書いたペーパーテストの問題文を子ども自身に読ませ、答えも文字にして選択させるなど、文字での出題形式に慣れておくのもよいでしょう。また、日ごろより「上から３つ目の引き出しに片づけてね」「左から２つ目のコップを持ってきて」など、お手伝いを通じて位置を表す言葉も理解させておきましょう。合図があるまで勝手に始めないというルールを守り、自分から進んであいさつをする、背筋を伸ばして座るなど、生活習慣にも気をつけて取り組みましょう。また過去には積み木の数に加え、対称図形や回転図形、四方図なども出題されています。どの問題も制限時間がかなり短いので、スピードを意識づけておきましょう。さらに、今日の出来事などを順序立てて話すことで、物事を時系列に整理する思考力も身につきます。集団テストや個別テストでは、ひもや折り紙、モールを使った手先の巧緻性、運動テストでは模倣体操などの基本的な運動が毎年出題されています。ペーパーテスト対策のみに偏ることなく、日ごろから手先を使った作業をする機会をつくり、公園で運動するなどバランスのとれた対策を心掛けてください。

年度別入試問題分析表

【宝仙学園小学校】

	2023	2022	2021	2020	2019	2018	2017	2016	2015	2014
ペーパーテスト										
話	○	○	○	○	○					
数量	○	○	○	○	○					
観察力										
言語	○	○	○	○	○					
推理・思考	○	○	○	○	○					
構成力										
記憶										
常識	○	○	○	○	○					
位置・置換	○	○	○	○	○					
模写	○	○	○	○	○					
巧緻性										
絵画・表現										
系列完成										
個別テスト										
話										
数量										
観察力										
言語	○	○	○	○	○					
推理・思考										
構成力										
記憶										
常識	○	○	○	○	○					
位置・置換										
巧緻性				○	○					
絵画・表現										
系列完成										
制作										
行動観察										
生活習慣										
集団テスト										
話										
観察力										
言語										
常識										
巧緻性	○	○	○							
絵画・表現										
制作										
行動観察	○	○	○	○	○					
課題・自由遊び										
運動・ゲーム										
生活習慣										
運動テスト										
基礎運動										
指示行動										
模倣体操	○	○	○	○	○					
リズム運動	○			○	○					
ボール運動										
跳躍運動					○					
バランス運動	○	○	○	○						
連続運動										
面接										
親子面接										
保護者(両親)面接	○	○	○	○	○					
本人面接										

※伸芽会教育研究所調査データ

小学校受験Check Sheet

　お子さんの受験を控えて、何かと不安を抱える保護者も多いかと思います。受験対策はしっかりやっていても、すべてをクリアしているとは思えないのが実状ではないでしょうか。そこで、このチェックシートをご用意しました。1つずつチェックをしながら、受験に向かっていってください。

✱ ペーパーテスト編

①お子さんは長い時間座っていることができますか。

②お子さんは長い話を根気よく聞くことができますか。

③お子さんはスムーズにプリントをめくったり、印をつけたりできますか。

④お子さんは机の上を散らかさずに作業ができますか。

✱ 個別テスト編

①お子さんは長時間立っていることができますか。

②お子さんはハキハキと大きい声で話せますか。

③お子さんは初対面の大人と話せますか。

④お子さんは自信を持ってテキパキと作業ができますか。

✱ 絵画、制作編

①お子さんは絵を描くのが好きですか。

②お家にお子さんの絵を飾っていますか。

③お子さんははさみやセロハンテープなどを使いこなせますか。

④お子さんはお家で空き箱や牛乳パックなどで制作をしたことがありますか。

✱ 行動観察編

①お子さんは初めて会ったお友達と話せますか。

②お子さんは集団の中でほかの子とかかわって遊べますか。

③お子さんは何もおもちゃがない状況で遊べますか。

④お子さんは順番を守れますか。

✱ 運動テスト編

①お子さんは運動をするときに意欲的ですか。

②お子さんは長い距離を歩いたことがありますか。

③お子さんはリズム感がありますか。

④お子さんはボール遊びが好きですか。

✱ 面接対策・子ども編

①お子さんは、ある程度の時間、きちんと座っていられますか。

②お子さんは返事が素直にできますか。

③お子さんはお父さま、お母さまと3人で行動することに慣れていますか。

④お子さんは単語でなく、文で話せますか。

✱ 面接対策・保護者（両親）編

①最近、ご家族での楽しい思い出がありますか。

②ご両親の教育方針は一致していますか。

③お父さまは、お子さんのお家での生活や幼稚園・保育園での生活をどれくらいご存じですか。

④最近タイムリーな話題、または昨今の子どもを取り巻く環境についてご両親で話をしていますか。

^{section}
2023 宝仙学園小学校入試問題

■ 選抜方法

推薦と一般の2回の募集がある。推薦入試の考査は1日で、ペーパーテスト、個別テスト、集団テスト、運動テストを行う。所要時間は約1時間。考査中に保護者面接がある。一般入試の考査は2日間で、1日目にペーパーテスト、2日目に個別テストと集団テスト、運動テストを行う。2日間の考査中に受験者を半数ずつに分けて保護者面接がある。

┃ ペーパーテスト ┃ 筆記用具は鉛筆を使用し、訂正方法は＝（横2本線）。出題方法は口頭と音声。

1 話の記憶

「今日は動物村にすんでいるクマさんの7歳のお誕生日です。仲よしのウサギさん、ブタ君、リスさんはクマさんのお祝いをすることにしました。3匹は『今日のお誕生会は何をしようか』と相談を始めました。『おいしいものをプレゼントするのはどうかな？』『いいわね。クマさんのために準備をして、楽しいお誕生会にしましょう』とみんなで話し合っています。さて、動物たちはどんなものを持っていくのでしょうか。ウサギさんは『お家で育てた甘くておいしいリンゴが、あと1つあるの。だからわたしはリンゴを持っていくわね』と言いました。ブタ君は『僕はおいしいクリがなっているところを知っているよ。僕はクリにするよ』と言いました。みんなのお話を聞いていたリスさんは、プレゼントが思いつかず困っていました。そこでウサギさんはリスさんに言いました。『リスさんはお花を用意したらどうかしら？　あの吊り橋の向こうには、とてもきれいなお花が咲いているわよ』。それを聞いたリスさんは、『えっ、あの吊り橋の向こう？』と困った様子で答えました。そんなに遠くまで行ったことがないリスさんは、心配になったのです。でも、クマさんに喜んでほしくて、リスさんはお花を摘みに行くことに決めました。リスさんはさっそく、吊り橋へと向かいます。やっと吊り橋に着いたリスさんは、早くお花を摘んで帰りたくて走って吊り橋を通り抜けようとしたのです。吊り橋が揺れてゴトゴトと大きな音を立て始めたそのとたん、『誰だ！　僕のお家の近くでうるさくするのは！』と、どこからか大きな声が聞こえました。辺りを見回すと、ゴリラ君がいました。リスさんは驚いて、『うるさくしてごめんなさい。この先にあるお花を摘みに行くところだったんです。あそこに見えている黄色いお花3本と赤いお花4本が欲しいんです』と答えました。するとゴリラ君は『えっ？　あのお花かい？　あれは僕が大切に育てているお花なんだ……』と困った顔で言いました。ゴリラ君とリスさんが話しているところに、ウサギさんとブタ君がそれぞれ用意したプレゼントを持ってやって来ました。リスさんが今までのことを全部お話しすると、ウサギさんは『そうだったのね。そんな大切なお花だってことを知らなかっ

たわ。ゴリラ君、もしよかったら、わたしが持ってきたリンゴとお花を交換してくれない
かしら？』とゴリラ君に聞きました。リンゴが大好きなゴリラ君は『それならいいよ。リ
ンゴとお花を交換しよう』と言いました。そうして、リスさんはお花をもらうことができ
ました。ゴリラ君は『なんでそんなにお花が欲しいんだい？』とみんなに聞きました。み
んなは『今日はクマさんのお誕生日なんだ。みんなでプレゼントを用意して楽しいお誕生
会にしたいんだ』と言いました。ゴリラ君は『そうだったのか。だからお花が欲しかった
んだね。いいなあ、お誕生会。楽しそうだね』と言いました。それを聞いたブタ君は、『そ
うだ、ゴリラ君も一緒にお誕生会に行かない？　お花をくれたし、それにみんなでお祝い
したらクマさんもきっと喜ぶよ』とゴリラ君を誘いました。ゴリラ君は『いいのかい？
うれしいな』とニッコリ笑いました。そして『リスさんたちが来る前まで、クッキーを焼
いていたんだ。僕はクッキーを持っていこう』とゴリラ君は言い、みんなでクマさんのお
家へ行きました。お誕生会が始まると、クマさんはみんなからのプレゼントを喜んでくれ
ました。そして何より、ゴリラ君というお友達が増えたことをとても喜んでくれました」

・左側のプレゼントをクマさんに渡した動物を右から選んで、点と点を線で結びましょう。
・クマさんにプレゼントした花束に○をつけましょう。

2 模　写

・上のお手本と同じになるように、足りないところをかき足しましょう。

3 位置・置換

・上のお手本の丸は△に、四角は×に、三角は□に、バツは○に置き換えて、下の四角の
同じ場所にかきましょう。

4 数　量

・たけし君はアメを2つ持っています。お父さんとジャンケンをして、勝つとアメを3つ、
あいこだとアメを1つもらえます。負けたときはお父さんにアメを1つあげます。5回
ジャンケンをすると、たけし君の勝ち、負け、あいこ、負け、勝ちとなりました。今、
たけし君はアメをいくつ持っていますか。その数だけ、下の長四角に○をかきましょう。

5 位置の移動

・ウサギの絵に指を置いてください。今から先生が言う通りにウサギを動かしましょう。
途中の水たまりのマス目は飛ばして進んでください。左に5つ、右斜め下に3つ、左斜
め下に2つ、左に1つ、右斜め上に4つ、右に5つ、下に2つ動くと、ウサギはどこに
いますか。今いるところに○をかきましょう。
・イヌの絵に指を置いてください。先ほどと同じようにイヌを動かしましょう。右斜め上

に2つ、右に3つ、左斜め下に2つ、上に8つ、左に3つ、下に7つ、左斜め上に1つ、右斜め上に5つ動くと、イヌはどこにいますか。今いるところに△をかきましょう。

6 数量（対応）

・四角の中のブロックで下にある組み合わせを作ると、いくつできますか。その数だけ、それぞれ横の四角に○をかきましょう。

7 推理・思考

・コアラさんがみんなの真ん中に立って、周りに丸く並んでいるお友達の写真を撮りました。左側に、その写真の様子が描いてあります。では、右下の絵の丸と三角のところにいるのはどの動物ですか。それぞれの印を右上の四角の動物につけましょう。

8 推理・思考（条件迷路）

・リスがドングリを全部拾って、矢印の出口まで進む道に線を引きましょう。ただし、同じ道は1回しか通れません。またバツ印は通ることができません。

9 言語・常識

・自分で問題を読んでやりましょう。最後まで全部やってください。

個別テスト
推薦入試と一般入試では一部内容が異なる。

言語・常識

子どもたちが並んでいて、数人が積み木の入った箱を持っている。そのうちの1人が箱を落としてしまい、積み木が床に散らばっている様子の絵を見せられる。

・困っている子はいますか。楽しそうな子はいますか。（子どもを指さして）この子はどんな気持ちだと思いますか。お話ししてください。

言　語

- お名前、幼稚園（保育園）の名前を教えてください。
- 今日は誰と来ましたか。
- 嫌いな食べ物はありますか。もし、嫌いな食べ物が給食に出てきたらどうしますか。
- お母さんが作るお料理で一番好きなものは何ですか。
- お父さん、お母さんにはどんなときにほめられますか。どんなときにしかられますか。
- 小学校に入ったら何をしたいですか。

集団テスト

推薦入試と一般入試では一部内容が異なる。

巧緻性

画用紙（Ｂ６判で穴が２つ開いている）、クレヨン、綴じひも
が用意されている。お手本の絵（袋に入ったトラックなど）が
一定時間映し出された後、映像が消える。

【お手本】

- 今見たお手本と同じになるように絵を描いて、穴にひもを通
  してチョウ結びをしましょう。

行動観察

約５人のグループで行う。積み木で作ったお城の形が影になった写真が掲示され、積み木
が用意されている。

- グループのお友達と相談して、写真のお手本と同じになるように積み木でお城を作りま
  しょう。

運動テスト

片足バランス

ひざを曲げて片足バランスをする。太鼓の音が鳴ったら足を替える。

模倣体操

- １、２、３、４、５の号令に合わせて、テスターのまねをしながら両手の指を親指から
  順番に折り、グーになったら小指から開いていく。
- 腕を大きく伸ばし左右に広げた後、体の正面で人差し指の先同士をつける。

🔳 リズム

太鼓の音に合わせて、歩いたり、走ったり、スキップをする。

保護者面接 ┃ 父親、母親という指定の質問はなく、どちらが答えてもよいと言われる。

・志望理由をお聞かせください。
・本校をどのように知りましたか。
・授業見学に参加しましたか。そのとき、どのような印象を持ちましたか。
・合掌に抵抗はありませんか。
・本校のディプロマポリシーを踏まえて、アドミッションポリシーについて家庭で取り組んできたことは何ですか。
・お子さんが成長したと思うこと、頑張ってほしいこと、足りないと思うことは何ですか。
・幼稚園（保育園）での行事には参加していましたか。入学後に学校行事への参加はできますか。
・通学時間について、ご自宅から遠いようですが大丈夫ですか。
・アレルギーの有無について教えてください。

面接資料／アンケート ┃ 出願時に面接資料を提出する。

・志願者の氏名、在籍園（所）名、保育歴、記入者。
・志願者の性格や特質。
・志望動機。
・通学経路、所要時間。

以下、選択式アンケート
・本校を知ったきっかけ。
・参加した行事。
・受験に備えて心掛けたり準備したこと。
・本校を志望した主な理由。

1

2

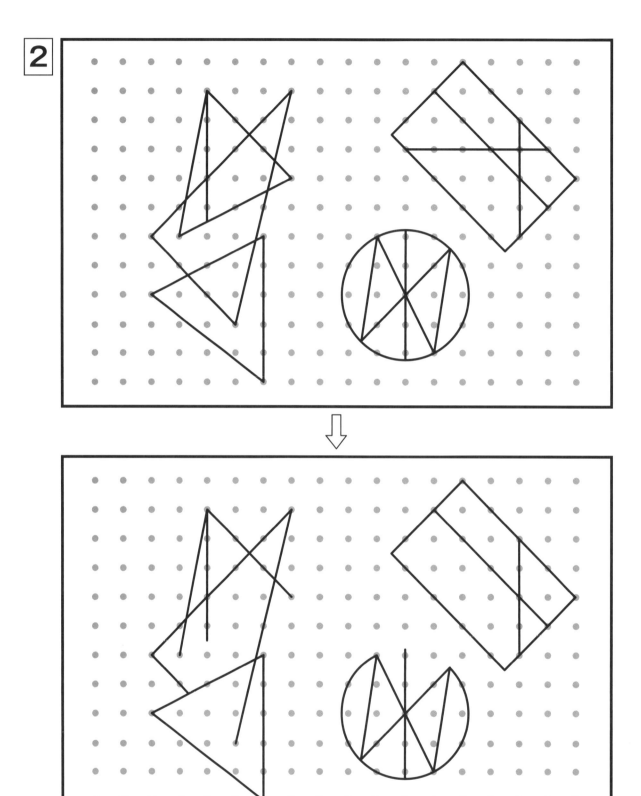

3

			□	
□	△			
		○		✕

4

5

6

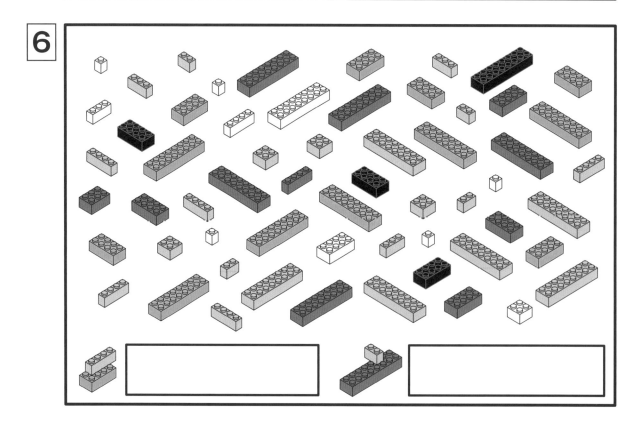

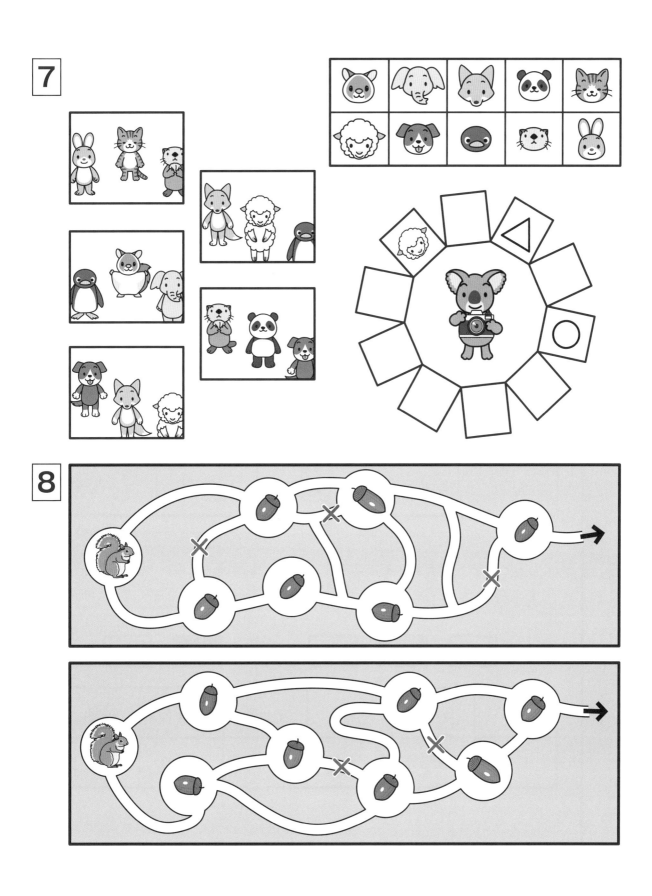

9

① ももたろうの　おはなしで　さいごに　なかまになった
どうぶつに　まるを　つけましょう。

いぬ	たぬき	うさぎ	きじ	さる

② おともだちの　おうちに　いったときに　はじめにいう
あいさつに　まるを　つけましょう。

ごちそうさま	いただきます	おじゃまします	さようなら

③ むしではないものを　ふたつ　みつけて　ばつを　つけましょう。

せみ	からす	こおろぎ	とんぼ	うぐいす

④ しりとりを　します。あおの　しかくに　はいるものに　さんかくを
あかの　しかくに　はいるものに　まるを　つけましょう。

りんご→⬜→🔲→⬜→すいか→⬛→⬜→まど

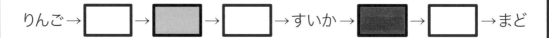

ごりら	らっぱ	ごま	からす	すずめ	くま
りす	しまうま	かかし	しか	まつり	すいとう

2022 宝仙学園小学校入試問題

■ 選抜方法

推薦と一般の2回の募集がある。推薦入試の考査は1日で、ペーパーテスト、個別テスト、集団テスト、運動テストを行う。所要時間は約1時間。考査中に保護者面接がある。一般入試の考査は2日間で、1日目にペーパーテスト、2日目に個別テストと集団テスト、運動テストを行う。1日目の考査中に受験番号奇数、2日目の考査中に受験番号偶数に分かれ保護者面接がある。

┃ ペーパーテスト ┃ 筆記用具は鉛筆を使用し、訂正方法は＝（横2本線）。出題方法は口頭と音声。名前を自分で記入する。推薦入試と一般入試では一部内容が異なる。

1 話の記憶

「森にすむネズミさんの家族が音楽会を開くことになりました。ネズミさんは『大好きな小鳥のレタ先生にも招待状を届けたいのだけれど、レタ先生がどこにいるかわからないの』と郵便屋さんのクマ君に相談しました。『僕に任せて！ レタ先生を探して招待状を届けてくるよ』と、クマ君は力強く答えました。こうしてクマ君のレタ先生を探す旅が始まりました。最初に川に行くと、どこからかきれいな歌声が聞こえてきました。でも、誰の姿も見えません。『誰が歌っているのかな？』と不思議に思ったクマ君が声のする方に近づくと、カメ君が鼻歌を歌っています。『カメ君、すてきな歌だね。歌が好きなの？』とクマ君が声をかけると、『うん、僕は音楽が大好きなんだ』とカメ君は言いました。『ところでカメ君は、レタ先生がどこにいるか知っている？』とクマ君に聞かれたカメ君は、『うーん、わからないな。でも、池にすんでいるカエルさんなら知っているかもしれないよ。聞いてみたらどうかな？』と教えてくれました。クマ君は『ありがとう』とお礼を言うと、今度は池の方に向かって歩き出しました。池の近くまで来ると、どこからかまた歌声が聞こえてきます。今度は池でカエルさんたちが合唱をしていました。『わあ、すてきな歌だね！』クマ君が話しかけると、カエルさんたちは『ありがとう。わたしたち、音楽が大好きなの』と楽しそうに言います。『ところで、カエルさんたちはレタ先生がどこにいるか知っている？』とクマ君が聞くと、『うーん、わからないわ。でも、森にすむ小鳥さんたちなら何か知っているかもしれないわ』と答えました。そこでクマ君は、今度は森に向かいました。森の近くまで来ると、またどこからかすてきな歌声が聞こえてきます。『小鳥さん、こんにちは。すてきな歌声だね』。クマ君が話しかけると『ありがとう。わたしたち、レタ先生にお歌を教えてもらってきたところなの』と小鳥さんたちが言いました。『そうなの？ 僕、ネズミさんに頼まれてレタ先生を探しているのだけれど、どこにいるか知らない？』とクマ君が聞くと、『レタ先生なら、この森を抜けたお山のてっぺんにいるはずよ』と教えてくれました。それからクマ君は、レタ先生を探しにお山へ向かいました」

・郵便屋さんがレタ先生を探した場所が、左から順番に正しく描いてある段を選んで、その右端のカッコに○をかきましょう。

・お話の中の郵便屋さんとレタ先生が正しく描いてある絵に○をつけましょう。

② 模 写

・上のお手本と同じになるように、下の四角にかいてある形の足りないところをかき足しましょう。

③ 位置・置換

・上のお手本の丸は×に、バツは□に、三角は○に置き換えて、下の四角の同じ場所にかきましょう。

④ 位置の移動

・イヌの絵に指を置いてください。今から先生が言う通りにイヌを動かしましょう。途中の水たまりのマス目は飛ばして進んでください。左に3つ、下に5つ、右斜め上に2つ、下に4つ、左に6つ動くと、イヌはどこにいますか。今いるところに○をかきましょう。

・ウサギの絵に指を置いてください。先ほどと同じようにウサギを動かしましょう。左斜め上に2つ、右に4つ、上に3つ、左斜め下に4つ、右に5つ動くと、ウサギはどこにいますか。今いるところに△をかきましょう。

⑤ 数 量

・さくらさんは9枚のクッキーを持っています。1枚食べて残りのクッキーを弟と2人で仲よく同じ数ずつ分けました。その後でお母さんが5枚くれたので、3枚をお友達のもみじさんにあげました。今、さくらさんはクッキーを何枚持っていますか。その数だけ、下の四角に○をかきましょう。

⑥ 数 量

・四角の中に、AとRはいくつありますか。それぞれの数だけ、横に○かきましょう。

⑦ 推理・思考

・コアラさんがみんなの真ん中に立って、周りに丸く並んでいるお友達の写真を撮りました。左側に、その写真の様子が描いてあります。では、右下の絵の丸と三角のところにいるのはどの動物ですか。それぞれの印を右上の四角の動物につけましょう。

⑧ 推理・思考（条件迷路）

・リスが矢印からスタートして、ドングリを全部拾って出口まで進む道に線を引きましょう。ただし、同じ道は1回しか通れません。

⑨ 言語・常識

・自分で問題を読んでやりましょう。最後まで全部やってください。

個別テスト
推薦入試と一般入試では一部内容が異なる。

言語・常識

大縄跳びを跳んでいる男の子が一緒に跳んでいる女の子の髪の毛を引っ張っていて、それに気がついた別の女の子が怒っている絵を見せられる。

・これはどのような様子の絵だと思いますか。お話ししてください。

言　語

・お名前を教えてください。
・今日はここまでどうやって来ましたか。
・朝ごはん（昼ごはん）は何を食べてきましたか。
・好きな食べ物は何ですか。
・嫌いな食べ物はありますか。
・お父さん、お母さんにはどんなときにほめられますか。また、どんなときにしかられますか。
・大きくなったら、何になりたいですか。

集団テスト
推薦入試と一般入試では一部内容が異なる。

巧緻性

折り紙、モール、セロハンテープが用意されている。作り方の手本を見た後、行う。

・折り紙を三角に2回折って1回開いたら、中心の折り線に向かって左右を斜めに折り上げ、チューリップの花を作りましょう。モールを半分に折り、輪の部分を手で持ち上部を反対の手でねじったら、モールの両端を開いて真っすぐに伸ばし、茎と葉にします。折り紙のチューリップの裏側に、モールの片方の端をセロハンテープで貼りましょう。

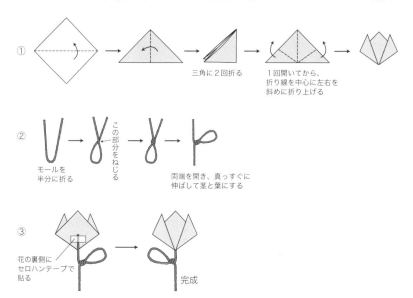

行動観察

・「ぶんぶんぶん」のピアノ演奏に合わせて合奏する。タンバリン、カスタネット、鈴などのうち、誰が何の楽器を担当するか相談して決める。

・「さんぽ」の曲に合わせて行進する。音楽が止まったらそのままの姿勢で止まり、「カニ」「ゾウ」「ゴリラ」「カエル」「赤ちゃん」など指示されたものに変身する。

運動テスト

片足バランス

ひざを曲げて片足バランスをする。左右どちらの足も行う。

模倣体操

・1、2、3、4、5の号令に合わせて、テスターのまねをしながら両手の指を親指から順番に折り、グーになったら小指から開いていく。

・両腕を前に出してグーパー、グーチョキパーをした後、手や足をぶらぶらと揺らす。

・腕を大きく伸ばして左右に広げた後、体の正面で人差し指の先同士をつける。

保護者面接　父親、母親という指定の質問はなく、どちらが答えてもよいと言われる。

・本校の受験はどちらが強く希望しましたか。
・本校のアドミッションポリシーについて、ご家庭ではどのように取り組まれましたか。
・オンライン説明会で一番印象に残っていることは何ですか。
・仏教教育の時間があることはご理解いただいていますか。
・合掌に抵抗はありませんか。
・ノートの取り方の指導が、学校と家庭で違っていたらどうしますか。
・どちらの中学に進学させたいですか。
・お子さんの名前の由来を教えてください。
・お子さんのよいところはどこですか。
・お子さんの今後の課題はどのようなことですか。
・お子さんにはどのように育ってほしいですか。
・お子さんの成長を感じるのはどのようなところですか。
・お休みの日はどのように過ごしていますか。
・子育てで苦労したのはどのようなことですか。
・将来、両親が願っている道とは違う道に進みたいと言ったらどうしますか。
・アレルギーの有無について教えてください。

面接資料／アンケート　出願時に面接資料を提出する。

・志願者の氏名、在籍園（所）名、保育歴、記入者。
・志願者の性格や特質。
・志望動機。
・通学経路、所要時間。

以下、選択式アンケート
・本校を知ったきっかけ。
・参加した行事。
・受験に備えて心掛けたり準備したこと。
・本校を志望した主な理由。

2

3

4

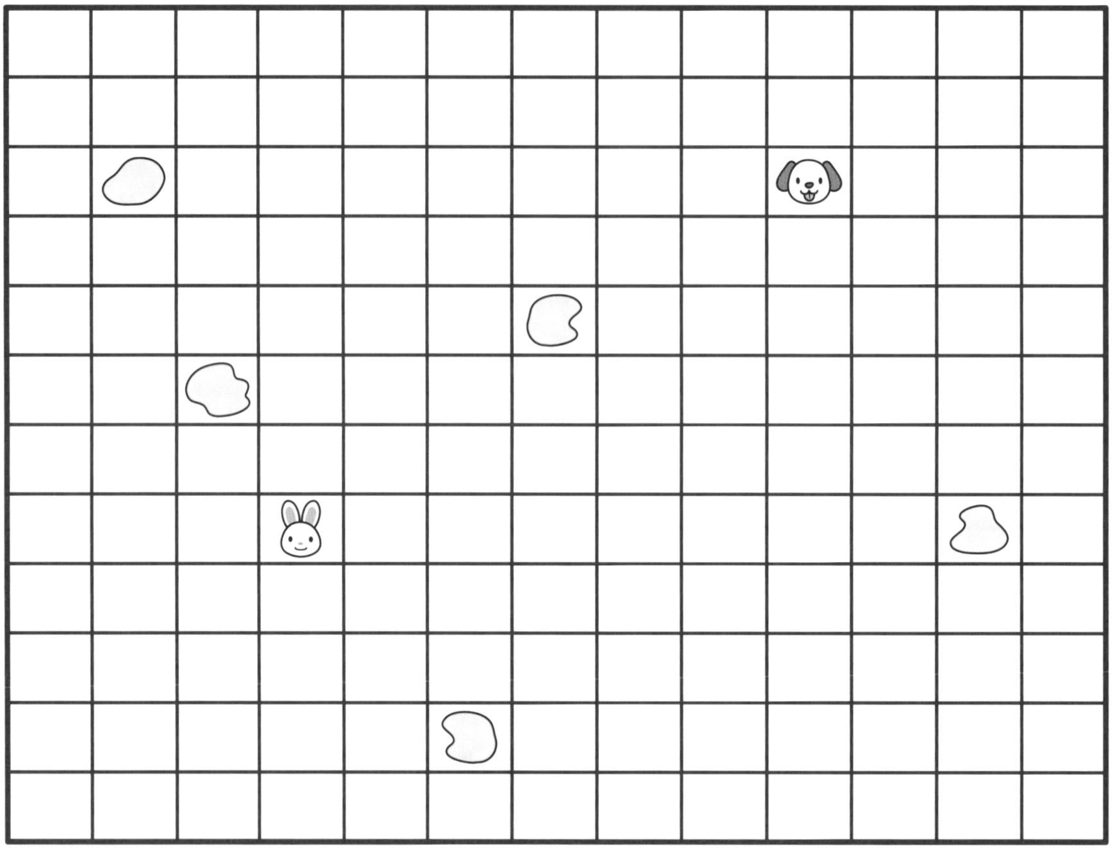

5

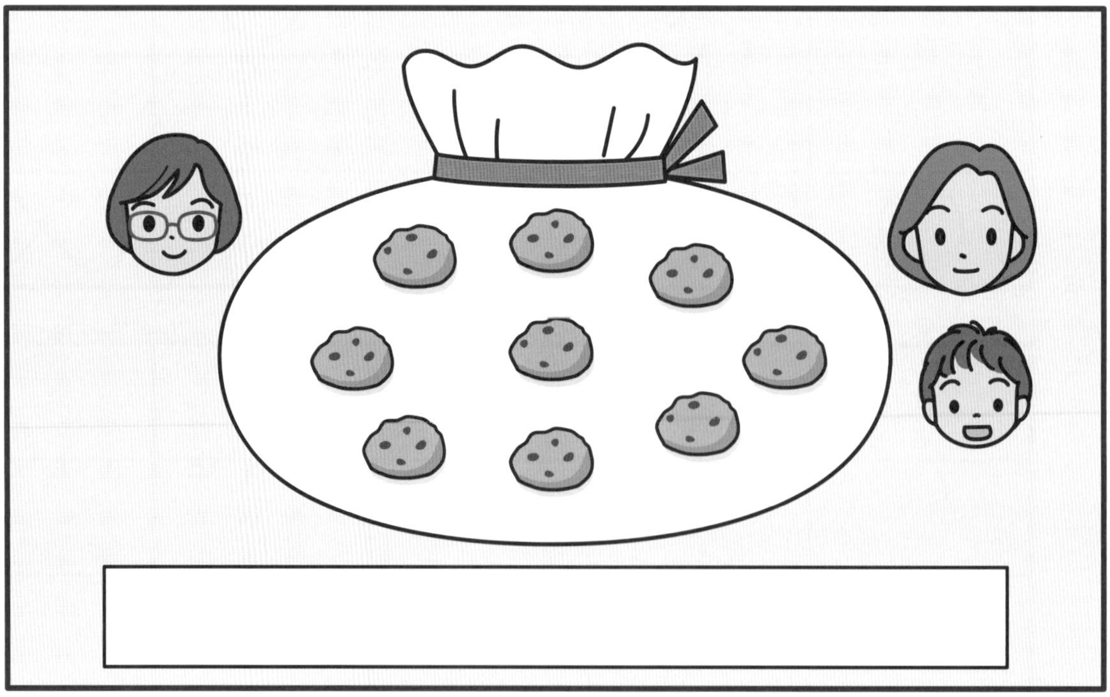

2022

6

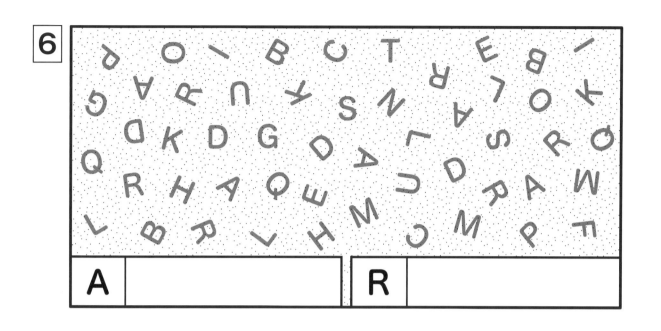

A		R	

7

8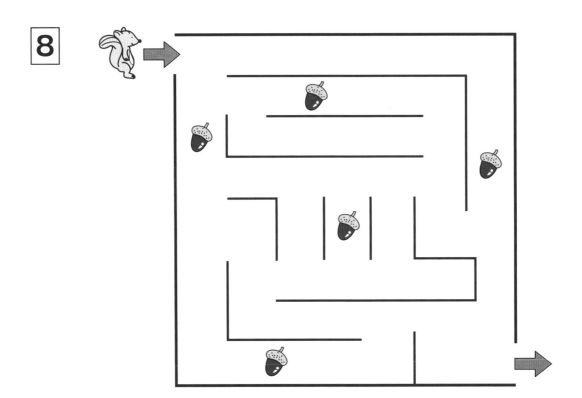

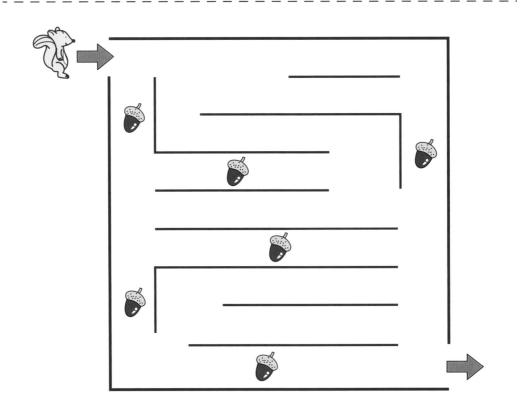

2022

9

① うらしまたろうに　でてこないものに　ばつを　つけましょう。

かめ	おとひめさま	うちでのこづち	こども	たまてばこ

② しょくじの　あとの　あいさつに　まるを　つけましょう。

おやすみなさい	ごちそうさま	ただいま	いただきます	さようなら

③ なかよしで　ないものに　ばつを　つけましょう。

うさぎ	らいおん	きりん	ねこ	へび	ひつじ

④ しりとりを　します。あおい　しかくに　はいるものに　さんかくを
あかい　しかくに　はいるものには　まるを　つけましょう。

りす →　■　→　□　→ からす →　■　→　□　→ きつね

すみれ	すずめ	すすき	めだか
めがね	きつつき	かき	ねずみ

2021 宝仙学園小学校入試問題

■ 選抜方法

推薦と一般の2回の募集がある。推薦入試の考査は1日で、ペーパーテスト、個別テスト、集団テスト、運動テストを行う。所要時間は約1時間。考査中に保護者面接がある。一般入試の考査は2日間で、1日目にペーパーテスト、2日目に個別テストと集団テスト、運動テストを行う。1日目の考査中に受験番号奇数、2日目の考査中に受験番号偶数に分かれ保護者面接がある。

┃ ペーパーテスト ┃ 筆記用具は鉛筆を使用し、訂正方法は＝（横2本線）。出題方法は口頭と音声。名前を自分で記入する。

1 話の記憶

「たろう君の夢はロボット博士になることです。『大きくなったら空を飛べて、海も泳げて、地面にも潜って探検できるようなかっこいいロボットを作るんだ』と、お父さんやお母さんにいつも話していました。今日は、幼稚園で自分が好きなものを作る工作の時間があります。先生から材料を準備しておくように言われていたので、たろう君はこの日のために、いつもならすぐに捨ててしまうようなものも大切に取っておきました。そしてかっこいいロボットを作ろうと楽しみにしていました。いよいよロボット作りの始まりです。たろう君は最初にお菓子の空き箱をセロハンテープを使ってくっつけて、顔と体を作りました。それからトイレットペーパーの芯で手を作り、続けて足を作りました。『ロボットらしくなったけど、うーん、なんだか、物足りないないなあ……。そうだ、こうすればもっとかっこよくなるぞ』。たろう君は何かひらめいたようです。『お菓子の箱のままだときれいに見えないから、折り紙を貼ってみよう』と言いながら、折り紙を折ったりはさみで切ったりしてお菓子の箱に貼り、模様にしました。次に、『そうだ、手と足も白くて寂しいからクレヨンで塗ってみよう』と思いつきました。色がついてくると、だんだんかっこいいロボットになってきました。最後にペットボトルのふたを2つ顔につけて目にしました。これで、ロボットの完成です。クラスのみんなの前で何を作ったか、1人ずつ発表しました。たろう君のロボットを見たみんなは『わあ、かっこいい』『色がきれいだね』とほめてくれました。そんなお友達の声を聞いたたろう君は、なんだか心が温かくなりました」

- たろう君がロボットを作るときに使わなかったもの全部に×をつけましょう。
- たろう君はどのような順番でロボットを作りましたか。左から正しく描いてある段を選んで、その右端のカッコに○をかきましょう。

---

2 模　写

・上のお手本と同じになるように、下の四角に形をかきましょう。

3 位置・置換

・上のお手本の三角は×に、丸は□に、四角は△に置き換えて、下の四角の同じ場所にかきましょう。

4 位置の移動

・イヌの絵に指を置いてください。今から先生が言う通りにイヌを動かしましょう。途中の水たまりのマス目は飛ばして進んでください。右に2つ、下に4つ、左斜め上に1つ、左に5つ、下に2つ動くと、イヌはどこにいますか。今いるところに○をかきましょう。

・ウサギの絵に指を置いてください。先ほどと同じようにウサギを動かしましょう。左に3つ、上に2つ、右に6つ、右斜め下に1つ、左に5つ、下に4つ動くと、ウサギはどこにいますか。今いるところに△をかきましょう。

5 数　量

・絵の中にイヌは何匹いますか。その数だけ、イヌの横の長四角に○をかきましょう。

・絵の中に時計はいくつありますか。その数だけ、時計の横の長四角に○をかきましょう。

6 推理・思考

・コアラさんがみんなの真ん中に立って、周りに丸く並んでいるお友達の写真を撮りました。左側に、その写真の様子が描いてあります。では、右下の絵の丸と三角のところにいるのはどの動物ですか。それぞれの印を右上の四角の動物につけましょう。

7 数　量

・たけのり君はアメを9個持っています。お友達2人に3個ずつあげて、自分も1つ食べました。その後にお母さんが何個かくれたので、たけのり君は今アメを5個持っています。たけのり君は、お母さんからアメを何個もらいましたか。その数だけ、下の四角に○をかきましょう。

8 推理・思考（条件迷路）

・リスが矢印からスタートして、ドングリを全部拾って出口まで進む道に線を引きましょう。ただし、同じ道は1回しか通れません。

9 言語・常識

・自分で問題を読んでやりましょう。最後まで全部やってください。

個別テスト

言語・常識

2人の男の子がキャッチボールをしている横で、泣いている女の子がいる絵を見せられる。

・(泣いている女の子を示され) この子はなぜ、泣いているのだと思いますか。どんな気持ちだと思いますか。お話ししてください。

言　語

・お名前、幼稚園 (保育園) の名前を教えてください。

・今日は誰と来ましたか。

・嫌いな食べ物はありますか。もし、嫌いな食べ物が給食に出てきたらどうしますか。

・お母さんが作るお料理で一番好きなものは何ですか。

・お父さん、お母さんにはどんなときにほめられますか。また、どんなときにしかられますか。

・小学校に入ったら、何をしたいですか。

集団テスト

巧緻性

折り紙を四角に2回折る手本を見た後、行う。

・今、折ったのと同じになるように折り紙を折りましょう。

🔖 行動観察

・「大きな栗の木の下で」のピアノ演奏に合わせて踊る。途中、リズムが変わる。
・「幸せなら手をたたこう」のリズムに合わせてゲームをする。「幸せなら座りましょう」と言われたら全員座る、「幸せなら男の子」と言われたら女の子が座る、「幸せなら女の子」と言われたら男の子が座る、などのお約束がある。
・音楽に合わせて行進する。音楽が止まったらそのままの姿勢で止まり、「ウサギ」「ゴリラ」「ヘビ」「赤ちゃん」など指示されたものに変身する。

運動テスト

🔖 片足バランス

ひざを曲げて片足バランスをする。太鼓の音が鳴ったら足を替える。

🔖 模倣体操

・1、2、3、4、5の号令に合わせて、テスターのまねをしながら両手の指を親指から順番に折り、グーになったら小指から開いていく。
・腕を大きく伸ばして左右に広げた後、体の正面で人差し指の先同士をつける。

保護者面接

父親、母親という指定の質問はなく、どちらが答えてもよいと言われる。

・最近、お子さんが成長したと思うのはどのようなところですか。
・お子さんについて、まだ足りないと思うのはどのようなところですか。
・コロナウイルス対策で幼稚園（保育園）が休園中、ご家庭でどのように過ごされましたか。
・子育てで大変だったことはありますか。
・(仕事をしている母親に対し) お仕事をしながらの子育てで工夫したことはありますか。具体的なエピソードをお聞かせください。
・本校では仏教教育を行っており、学校生活や行事などで合掌しますが、抵抗はありませんか。
・本校のアドミッションポリシーについて、ご家庭ではどのように取り組まれていますか。

面接資料／アンケート

出願時に面接資料を提出する。

・志願者の氏名、在籍園（所）名と電話番号、保育歴、記入者。

・志願者の性格や特質。

・志望動機。

・通学経路、所要時間。

以下、選択式アンケート

・本校を知ったきっかけ。

・参加した行事。

・受験に備えて心掛けたり準備したこと。

・本校を志望した主な理由。

1

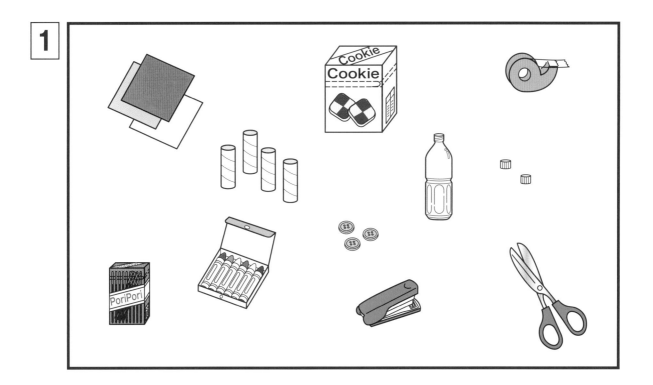

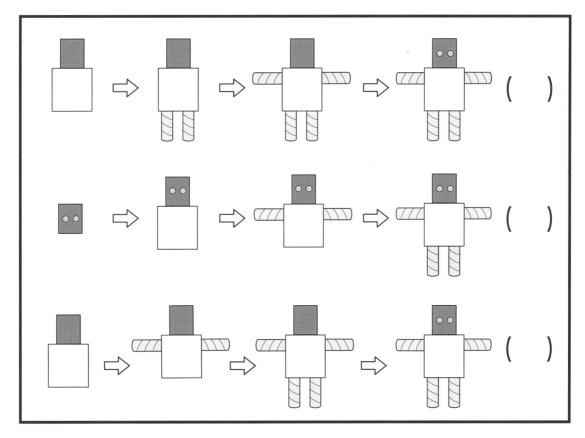

2

			⌐↘	
	⟍			
			◔	

⇩

3

△		□		
		○		
	□		△	

⇩

4

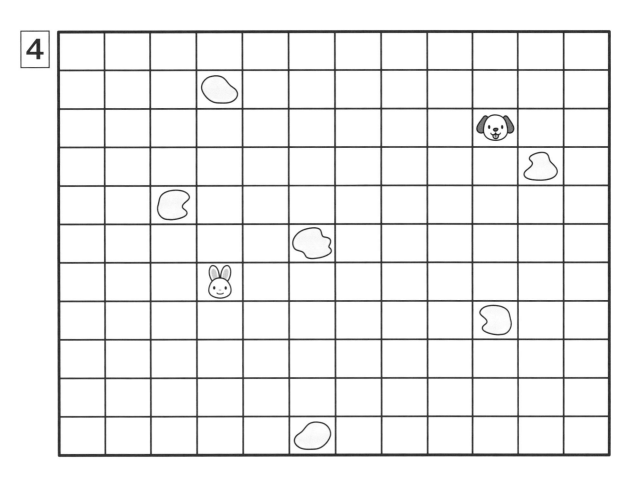

5

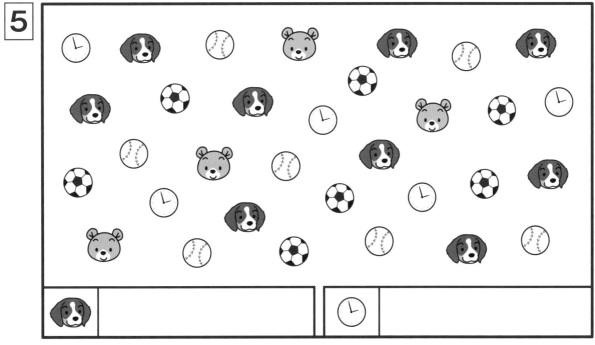

8

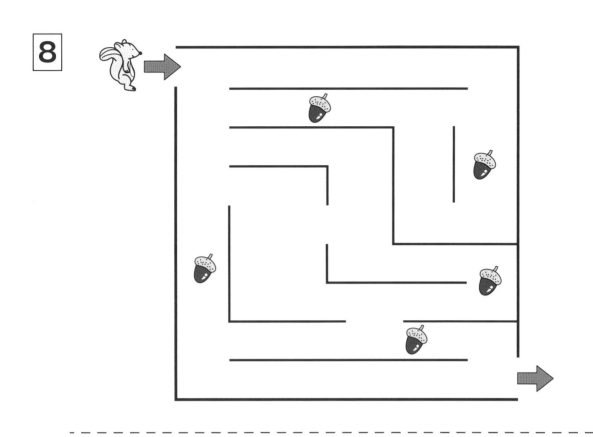

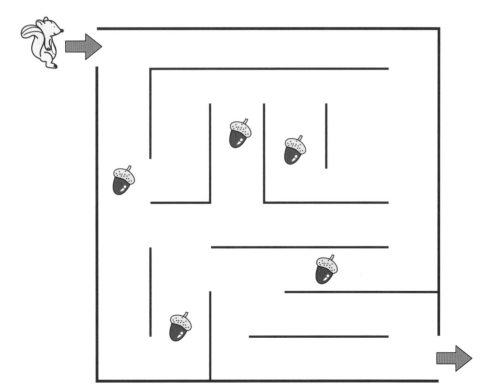

9

① さるかに　がっせんに　でてこなかったものに　ばつを　つけましょう。

うす	はち	くり	まつぼっくり

② かえって　きたときに　いう　ことばに　まるを　つけましょう。

ありがとう	おやすみなさい	ただいま	いってきます

③ くつの　かぞえかたの　ただしいものに　まるを　つけましょう。

いっぽん	いちまい	いっそく	いっこ

④ しりとりを　します。あおい　しかくに　はいるものに　さんかくを
　あかい　しかくに　はいるものには　まるを　つけましょう。

ごりら → □ → □ → ぶどう → ■ → □ → りす

らくだ	らっこ	うま	らっぱ
まり	うす	こんぶ	だるま

2020 宝仙学園小学校入試問題

■ 選抜方法

推薦と一般の2回の募集があり、考査はいずれも1日で、ペーパーテスト、個別テスト、集団テスト、運動テストを行う。所要時間は約1時間。考査中に保護者面接がある。

┃ ペーパーテスト ┃

筆記用具は鉛筆を使用し、訂正方法は＝（横2本線）。出題方法は口頭と音声。

1 話の記憶

「今日あきら君は、ゆうた君たちと公園で遊ぶお約束をしています。お母さんに『夕焼けチャイムが鳴ったら帰ってくるのよ』と言われて、『うん、わかったよ』と返事をすると、あきら君は帽子をかぶって公園に向かいました。公園に着くと、もうみんなが集まっています。『何して遊ぶ？』とあきら君が言うと、さくらさんが『オニごっこがいいな』と言い、ともき君は『サッカーがいい！』と言いました。『鉄棒がいいな』と言ったのはななみさんです。『僕は絶対に野球がいい！』と、眼鏡をかけたゆうた君は譲りません。『じゃあ、順番に遊ぶのはどう？』とあきら君は言いました。みんなが賛成して、まずはオニごっこから始めることにしました。オニを決めるためにジャンケンをして、負けたななみさんがオニになりました。ななみさんは走るのが少し苦手です。なかなかみんなを捕まえることができず、だんだん泣きそうな顔になってきました。その様子を見て、あきら君は走るスピードを少しゆるめて捕まってあげました。『わあ、とうとう捕まっちゃった』とあきら君が言うと、ななみさんはうれしそうに笑いました。さて、今度はあきら君がオニです。あきら君は、走るのが速いさくらさんを追いかけることにしました。『よーし、捕まえるぞ！』あきら君は勢いよく走り出しました。ところがなかなかさくらさんを捕まえることができません。『さくらさんはあきらめて、ともき君を捕まえることにしよう！』あきら君は今度はともき君を追いかけ始めました。ともき君は油断をしていたので、あきら君はうまく捕まえることができました。オニごっこの次は鉄棒です。鉄棒が得意なななみさんは、逆上がりを何度もやって見せてくれました。『ななみさんは鉄棒が上手だね』とあきら君が言うと、『早くサッカーをしようよ』とともき君が言いました。そこで2チームに分かれてさくらさんとななみさんにゴールキーパーになってもらい、みんなでサッカーを始めました。サッカーの得意なともき君は動きが速いので、みんなはなかなかボールを奪うことができません。3点目を取ったともき君は、『やったあ！』と大喜びです。『さすが、ともき君。とてもかなわないよ』とあきら君が言いました。『さあ、次はいよいよ野球だね』とゆうた君が言ったとき、ちょうど夕焼けチャイムの音が聞こえてきました。『もう帰る

時間よ』とななみさんが言いました。『平気、平気。もう少し遊べるよ』とゆうた君が言いました。あきら君も『急いで帰ればだいじょうぶだよ。順番に遊ぼうって決めたんだからね』と言い、みんなで野球をすることになりました。どちらのチームもそれぞれ点を取り、みんなはとても楽しそうです。あきら君は、『お母さんとお約束をした時間を過ぎたけど、少しくらいならだいじょうぶ』と思いながら野球を続けました。『わたし、そろそろ帰るね』『わたしも』とさくらさんとななみさんが言い、2人は帰っていきました。残ったあきら君たちは『あと少しだけ遊んで帰ろう』と言い、野球を続けました。辺りが暗くなってきてボールがよく見えなくなったので、『そろそろ帰ろうか』と言って帰ることにしました。あきら君がお家に帰るとお母さんがとても心配していて、お友達のお家に電話をかけているところでした。あきら君が帰ったことに気づいたお母さんは電話を切ると、『こんなに暗くなるまで、いったいどうしたの！』と怖い顔で言いました。あきら君は思わず、『野球をしていたらボールがなくなってしまったから、探していたんだよ』とうそをついてしまいました。そのうちに、夕ごはんの時間になりました。お母さんは、あきら君の大好きなカレーライスを作ってくれていました。でもあきら君は、カレーライスをいつものようにおいしく食べることができませんでした。その夜、お母さんとお風呂に入っているときにあきら君は言いました。『お母さん、ごめんなさい。僕、2ついけないことをしてしまったよ』。お母さんはあきら君の顔をしばらくじっと見て、それからニッコリと笑って頭をなでてくれました」

・あきら君たちが公園でした遊び全部に○をつけましょう。
・あきら君のした「いけないこと」は何ですか。2つ選んで○をつけましょう。

2 話の記憶

「もうすぐ虹色幼稚園の学芸会です。年長さんはみんなで、桃太郎の劇と合奏をすることになりました。けんた君は桃太郎の役、かおりちゃんは赤鬼の役、こうた君は青鬼の役です。合奏では、最初にけんた君が『僕、大太鼓をたたく役がいい』と言うと、かおりちゃんも『わたしも大太鼓がいい』と言って、2人でジャンケンをして決めることにしました。『ジャンケンポン！』けんた君はグー、かおりちゃんはパーを出しました。ジャンケンに負けたけんた君は小太鼓に決まり、みんなは一生懸命練習を始めました。そして、みんなで決めた役で劇の練習もしました。そのとき、赤鬼は角を2本、青鬼は角を1本つけることにしました。けんた君の弟は年少組で、お家ではカスタネットの練習をしています。年少組、年中組は何をするのでしょうか。楽しみですね」

・上です。劇で、けんた君の役は何でしたか。合う絵に○をつけましょう。
・下です。けんた君の演奏する楽器に○、けんた君の弟が演奏する楽器に△をつけましょう。

3 推理・思考（条件迷路）

・リスがドングリを全部拾って、矢印の出口まで進む道に線を引きましょう。ただし、同じ道は1回しか通れません。

4 位置・置換

・上のお手本の丸は△に、三角は×に、四角は◎に置き換えて、下の四角の同じ場所にかきましょう。

5 模　写

・上のお手本と同じように、下の四角に印をかきましょう。

6 位置の移動

・イヌの絵に指を置いてください。今から先生が言う通りにイヌを動かしましょう。途中の水たまりのマス目は飛ばして進んでください。右に4つ、下に3つ、左に5つ、上に2つ動くと、イヌはどこにいますか。今いるところに○をかきましょう。

・ウサギの絵に指を置いてください。先ほどと同じようにウサギを動かしましょう。上に5つ、左に3つ、下に8つ、右に5つ動くと、ウサギはどこにいますか。今いるところに△をかきましょう。

7 数　量

・男の子がアメを8個持っています。まず、男の子と妹が1個ずつ食べました。その後、お父さんが4個、お母さんが2個くれました。今度は男の子と妹が3個ずつ食べました。残ったアメは何個ですか。その数だけ、下の四角に○をかきましょう。

8 推理・思考

・コアラさんがみんなの真ん中に立って、周りに丸く並んでいるお友達の写真を撮りました。左側に、その写真の様子が描いてあります。では、右下の絵の丸と三角のところにいるのはどの動物ですか。それぞれの印を右上の四角の動物につけましょう。

9 数　量

・絵の中に赤い鉛筆は何本ありますか。その数だけ、右側の四角に○をかきましょう。下もやりましょう。

10 言語・常識

・自分で問題を読んでやりましょう。最後まで全部やってください。

個別テスト

巧緻性

お手本、穴が2つ開いている白い台紙、ひもが用意されている。
・お手本と同じになるように台紙にひもを通し、チョウ結びをしましょう。

言語・常識

公園の砂場の絵を見せられる。砂場には、お城を作りたがっている子ども、船を作りたがっている子ども、中央でしょんぼりしている子どもがいる。
・（中央でしょんぼりしている子どもを指でさして）この子は今、どんな気持ちだと思いますか。お話ししてください。

言　語

・お名前、幼稚園（保育園）の名前を教えてください。
・幼稚園（保育園）で好きな遊びは何ですか。
・今日はお父さん、お母さんと来ましたか。
・今日の朝ごはんは何を食べましたか。
・お母さんの作るお料理では何が好きですか。
・嫌いな食べ物はありますか。
・お父さん、お母さんとは何をして遊びますか。
・勉強はいつしますか。どれくらいしますか。
・この学校の名前を知っていますか。

集団テスト

行動観察

約5人のグループで行う。積み木で作ったお城の形が影になった写真が掲示され、積み木が用意されている。
・グループのお友達と相談して、写真のお手本と同じになるように積み木でお城を作りましょう。

運動テスト

▰ 模倣体操

・1、2、3、4、5の号令に合わせて、テスターのまねをしながら両手の指を親指から
　順番に折り、グーになったら小指から開いていく。
・両手を前に伸ばし、グーパーをくり返す。

▰ リズム

・スタート地点から、ライン上を行進する。太鼓の音が鳴ったら、前を向いたまま同じライ
　ン上を後退する。
・太鼓の音に合わせてスキップする。

▰ 片足バランス

・ひざを曲げて片足バランスをする。太鼓の音が鳴ったら足を替える。

保護者面接

父　親

・志望理由をお聞かせください。
・お仕事についてお聞かせください。
・お休みの日はどのように過ごしていますか。
・お子さんのお名前の由来を教えてください。思いを込めてつけられた名前のように育っ
　ていますか。
・仏教教育で合掌をしますが、抵抗はありませんか。仏教についてどのようにとらえてい
　ますか。
・公開授業の感想をお聞かせください。
・昨今の中学受験についてどう思いますか。
・現代の教育に求めることと、問題点についてお聞かせください。

母　親

・お仕事の有無についてお聞かせください。
・学校説明会の感想をお聞かせください。
・本校の教育で足りないものは何だと思いますか。
・仏教教育について抵抗はありませんか。
・お子さんには食物アレルギーなど、健康状態で心配なことはありますか。
・授業ではノートのつけ方、学習の進め方など細かく指導しますが、学校の姿勢とお母さ

まのお考えが違ったらどうしますか。
・小学校6年間で学校に期待することは何ですか。
・育児で大変だったことはありますか。
・子育てでこれは成功したということ、もう少しお子さんを伸ばしたいと思うことはどんなことですか。（母親、父親の順に両者に質問された）

面接資料／アンケート 　出願時に面接資料を提出する。

・志願者の氏名、生年月日、性別、住所、電話番号、在園名と所在地。
・家族構成（本人との続柄、氏名、年齢、兄弟姉妹の在学校名・学年、備考）。
・通学時間、最寄り駅、自宅から本校までの所要時間。
・緊急連絡先。

以下、選択式アンケート
①本校を知ったきっかけ。
②出席、または参加した学校行事。
③受験に向けた準備。
④本校を志望した理由。

1

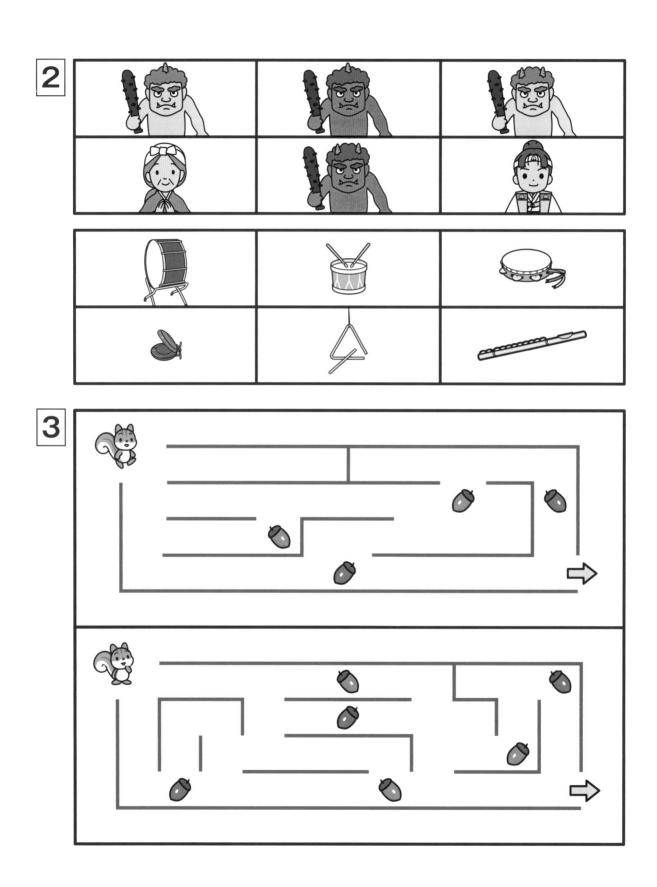

4

○		□		△
	□	△	○	

⬇

5

	◁			
			◔	
◔		◸		

⬇

2020

6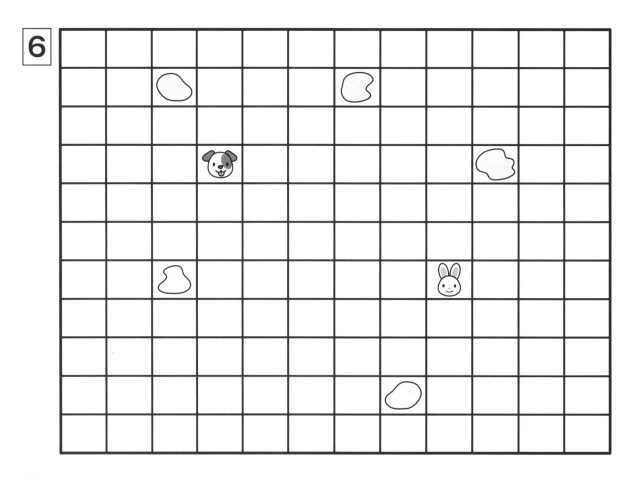

7

2020

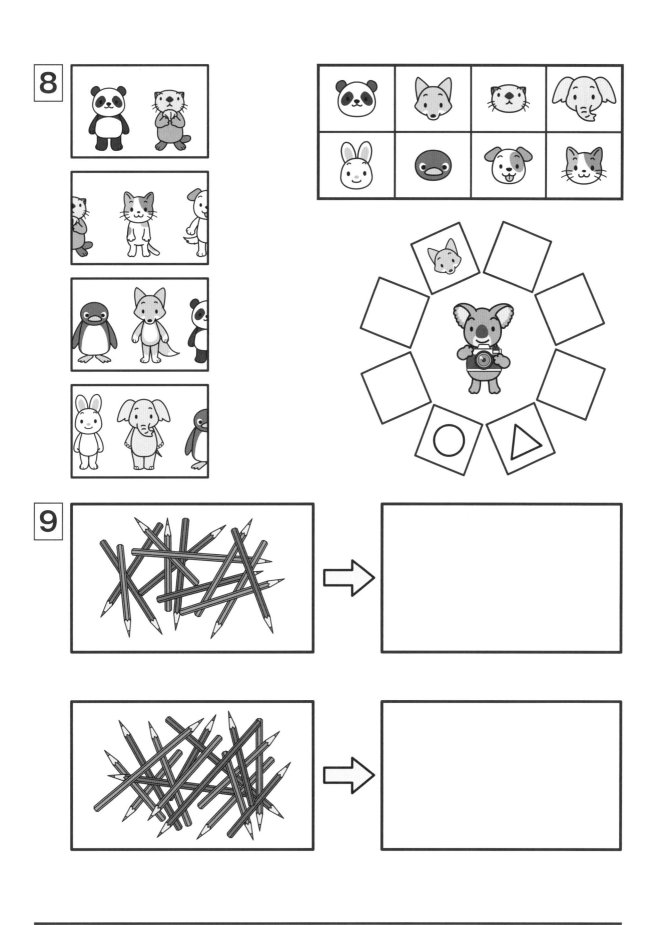

10

① ももたろうに　でてこないものに　ばつを　つけましょう。

きつね	いぬ	さる	ねこ

② あめのときに　つかう　どうぐに　まるを　つけましょう。

かさ	がようし	らんどせる	ながぐつ

③ えんぴつの　かぞえかたの　ただしいものに　まるを　つけましょう。

いっこ	ひとつ	いっぽん	いちまい

④ いきものの　なまえで　しりとりを　します。　はじめの　しかくに
はいるものに　まるを　にばんめの　しかくに　はいるものに　ばつを
つけましょう。

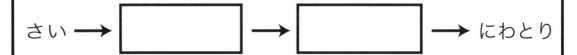

さい　→　[　　　　]　→　[　　　　]　→　にわとり

いるか	かめ	いす	かさ
さら	めがね	すいか	かに

2019 宝仙学園小学校入試問題

選抜方法

推薦と一般の2回の募集があり、考査はいずれも1日で、ペーパーテスト、個別テスト、集団テスト、運動テストを行う。所要時間は約1時間。考査中に保護者面接がある。

ペーパーテスト

筆記用具は鉛筆を使用し、訂正方法は＝（横2本線）。出題方法は口頭と音声。推薦入試と一般入試では一部内容が異なる。

1 話の記憶

「今日はヒマワリ幼稚園の遠足の日です。みんなが楽しみにしていた動物園に行きます。昨日は一日雨が降っていましたが、今日はとてもいいお天気です。みんなは元気よく幼稚園のバスに乗って、出発しました。動物園に着くと、園長先生が『今日はいろいろな動物を見ましょうね』と言いました。みんなは『はーい』と元気にお返事をして、動物園に入っていきました。最初にキリンを見ると、長い首を上手に使っておいしそうに木の葉を食べていました。『大きな目がかわいいね』とななちゃんが言いました。『キリンは全部で3頭いるわね』と、ようこ先生が言いました。『次はアライグマを見ましょう』。先生の声でみんなはアライグマのところに行きました。3匹のアライグマは、前足を上手に使ってリンゴを洗っていました。『きっと、おやつにするのね』。みんなはかわいいアライグマの様子を夢中になって見ていました。『そろそろお弁当にしましょう』と先生の声がしました。ななちゃんたちは、お母さんが作ってくれたおいしいお弁当を青空の下で食べました。『お外で食べると、なんでこんなにおいしいのかな』。みんなはおなかいっぱいになりました。『では、そろそろお片づけをしましょう』と先生が言いました。『今度はペンギンを見ましょうね』。ペンギンたちは水の中を気持ちよさそうに泳いでいます。『何羽いるのかな？　えーと、4羽だ』。泳いでいたかと思うとおいしそうに魚を食べたりする、ペンギンのかわいらしい様子をみんなは夢中になって見ていました。楽しい時間はあっという間に過ぎて、そろそろお帰りの時間です。『先生、帰る前にもう一度キリンが見たい』。みんなは先生にお願いしました。先生は『そうね、それではキリンの前でみんなで写真を撮りましょう』。みんなは笑顔で写真を撮ってもらい、楽しい思い出を胸に動物園から帰っていきました」

・子どもたちは動物園で、どのような順番で動物を見ましたか。左から正しく描いてあるものに○をかきましょう。○はカッコの中にかいてください。
・動物園の中で見た動物が、その数だけ描いてある四角はどれですか。正しいものに○をつけましょう。

② 話の記憶

「今日、よしこさんは朝から少しドキドキしています。これから初めて、弟のけいた君と2人だけでお使いに行くことになっているのです。『2人だけで行くのは、緊張するけど楽しみだな。わたしはお姉ちゃんなんだから、しっかり頑張らないと！』お気に入りのお花模様のワンピースを着て、おばあさんからもらった赤いかばんを肩にかけ、よしこさんは張り切っています。玄関には、お気に入りのリボンのついた靴もしっかり準備してあります。『よしこ、けいた、準備はできた？』と、お母さんの声がしました。『はーい！』『はーい！』2人はそれぞれ返事をして、お母さんのところへ行きました。けいた君も、大好きな飛行機の絵が描いてあるシャツにしっかり着替えています。お母さんは、『今日はカレーライスを作るから、ジャガイモを3つとタマネギを2つ買ってきてね。ニンジンはお家にあるから、いりませんよ』『はい！』『あとはサラダを作るから、トマトを1つお願いね』『はい！』『それじゃあ、行ってきます！』2人はさっそくスーパーマーケットへ向かいました。スーパーマーケットへ着くと、いろいろな野菜がたくさん並んでいました。『うわぁ、見つけられるかなぁ』とけいた君が言うと、よしこさんは『だいじょうぶ、野菜の場所はわたしが覚えているよ』と言いました。よしこさんはいつもお母さんとお買い物に来ていたのです。『あった！』2人はジャガイモを3つ、カゴに入れました。『あとはタマネギだね』。ジャガイモの近くにタマネギがあったので、2つ取ってカゴに入れました。『あとは……何だっけ？』『ニンジンだよ！』『そうそう、カレーライスだもんね』。2人はニンジンも1本カゴに入れました。『よし、これでいいね！』2人はお金を払って、お家に帰りました。『ただいま！』『おかえりなさい。お使いに行ってくれてありがとう』。お母さんはうれしそうです。『あら、ニンジンも買ったの？』よしこさんとけいた君はハッとしました。『あっ、ニンジンはお家にあるんだった！』『買い忘れているものもあるけれど……まあいいわ、2人ともニンジンが大好きだものね。今日は2人とも頑張ったから、ニンジンたっぷりカレーライスにしましょう！』『わーい！』この後、3人でニンジンたっぷりカレーライスを作って、おいしく食べました」

・よしこさんとけいた君はお使いに行ったとき、どのような服装でしたか。正しいものに○をつけましょう。
・お母さんが頼んだお買い物は何ですか。正しいものに○をつけましょう。

③ 模写・位置・置換

・上のお手本と同じように、下の四角に印をかきましょう。
・上のお手本の丸は△に、四角は◎に、三角は×に置き換えて、下の四角の同じ場所にかきましょう。

4 数　量

・女の子がチューリップを右側にいるお友達に 3 本ずつあげました。その次の日にまた 3 本咲きました。今、咲いているチューリップは何本ですか。その数だけ、下の四角に○をかきましょう。

5 数　量

・左の積み木が、右のように増えました。増えた数だけ、右の四角に○をかきましょう。

6 推理・思考

・コアラさんがみんなの真ん中に立って、周りに丸く並んでいるお友達の写真を撮りました。右側に、その写真の様子が描いてあります。では、左上の絵の丸と三角のところにいるのはどの動物ですか。それぞれの印を左下の四角の動物につけましょう。

7 推理・思考（条件迷路）

・リスが矢印からスタートして、ドングリを全部拾って出口まで進む道に線を引きましょう。ただし、同じ道は 1 回しか通れません。

8 位置の移動

・クマの絵に指を置いてください。今から先生が言う通りにクマを動かしましょう。途中の水たまりのマス目は飛ばして進んでください。右に 3 つ、下に 4 つ、左に 2 つ、右に 5 つ動くと、クマはどこにいますか。今いるところに○をかきましょう。
・ウサギの絵に指を置いてください。左に 5 つ、上に 3 つ、右に 3 つ、上に 3 つ動くと、ウサギはどこにいますか。今いるところに△をかきましょう。

9 言語・常識

・自分で問題を読んでやりましょう。最後まで全部やってください。

個別テスト

巧緻性

穴の開いた板にひもを通したお手本、穴の開いた板、ひもが用意されている。
・お手本と同じになるように板にひもを通し、チョウ結びをしましょう。

言語・常識

・お名前、幼稚園（保育園）の名前を教えてください。

・今日の朝ごはんは何を食べましたか。

・嫌いな食べ物はありますか。

・（電車の中でおばあさんに席を譲ってあげている男の子の様子が描かれた絵を見せられて）この男の子はどんな気持ちだと思いますか。お話ししてください。

集団テスト

🔖 行動観察

積み木で作ったお城の写真と積み木が用意されている。

・グループのお友達と相談して、写真のお手本と同じになるように積み木でお城を作りましょう。

運動テスト

🔖 模倣体操

・テスターのまねをしながら両手の指を親指から順番に折り、グーになったら小指から開いていく。

・両手を前に出してグーパーをくり返す。

・左右の手で互い違いにグーパーをする（左がグーのとき右はパー）。

🔖 リズム・ジャンプ

赤い線から出ないというお約束がある。

・太鼓の音に合わせて前進と後退をくり返し、2回続いて音がしたら止まる。

・太鼓の音に合わせてスキップする。

・その場でジャンプする。

保護者面接

父　親

・志望理由をお聞かせください。

・ご家庭の教育方針についてお聞かせください。

・仏教教育について、合掌をしますがどのように思いますか。

・学校とご家庭の教育方針にずれが出たらどうしますか。
・中学受験についてどのように考えていますか。
・お子さんが続けている習い事は何ですか。
・最近、どのようなことでお子さんをほめましたか。
・お子さんに直してほしいところはどのようなところですか。

母 親

・志望理由をお聞かせください。
・ご家庭の教育方針についてお聞かせください。
・お子さんのお名前の由来を教えてください。
・最近、どのようなことでお子さんをほめましたか。
・お子さんに直してほしいところはどんなところですか。
・お子さんの好きな食べ物、嫌いな食べ物は何ですか。
・お子さんには食物アレルギーなど、健康状態で心配なことはありますか。
・お子さんについて、うまく育ったと思うところと、もう少し頑張ってほしいところを教えてください。
・共働きでいらっしゃいますが、保護者会などへの参加は可能ですか。
・子育てで気をつけていることは何ですか。
・子育てをしていて、今までで一番困ったことはどのようなことですか。
・（父親が海外赴任中の場合）家族写真はいつ撮りましたか。
・海外赴任先についてお聞かせください。
・アンケートに「親族からの勧め」と書いてありましたが、在校生がいるのですか。

面接資料／アンケート　　出願時に面接資料を提出する。

・志願者の氏名、生年月日、性別、住所、電話番号、在園名と所在地。
・家族構成（本人との続柄、氏名、年齢、兄弟姉妹の在学校名・学年、備考）。
・通学時間、最寄り駅、自宅から本校までの所要時間。
・緊急連絡先。

以下、選択式アンケート
①本校を知ったきっかけ。
②出席、または参加した学校行事。
③受験に向けた準備。
④本校を志望した理由。

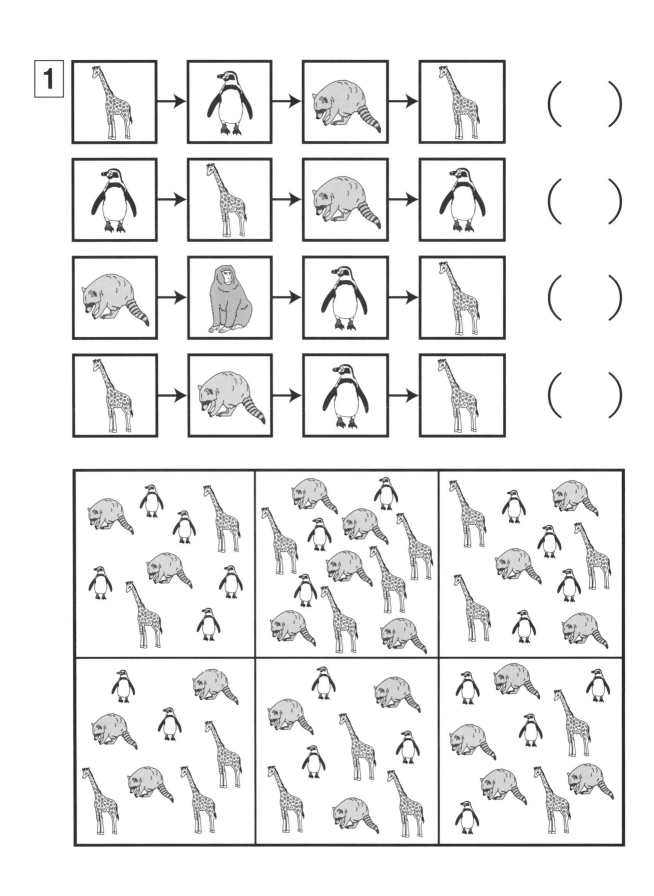

3

4

5

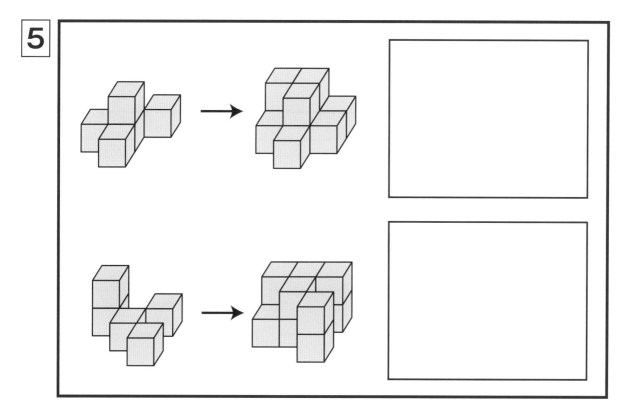

6

7

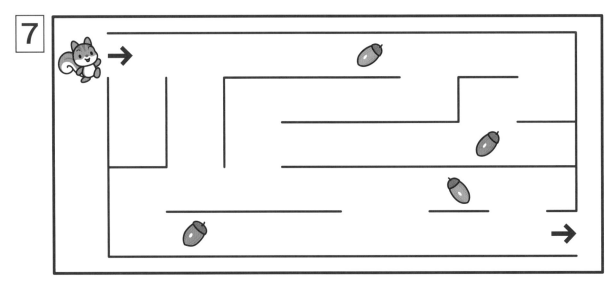

2019

8

9

① うらしまたろうが　おみやげに　もらったものに　まるを　つけましょう。

たからばこ	うちでのこづち	たまてばこ	がらすのくつ	つづら

② かえってきたときに　なんというか　ひとつに　まるを　つけましょう。

ごめんなさい	ありがとう	ただいま	おはようございます

③ ともだちに　あったときに　いう　あいさつに　まるを　つけましょう。

いただきます	こんにちは	おやすみなさい	おかえりなさい

④ しりとりが　よっつ　つながるように　せんで　むすびましょう。

きゃべつ	りんご	つる	れたす	きゅうしょく

つみき	くわがた	つくえ	きりん	きなこ

宝仙学園小学校
入試シミュレーション

宝仙学園小学校入試シミュレーション

1 指示の理解

- 言われた順番に線で結びましょう。「カブトムシ、カンガルー、セミ、コアラ」
- 言われた生き物にそれぞれの印をつけましょう。「ブタに○をつけましょう」「ミミズに□をつけましょう」「ラッコに×をつけましょう」「マントヒヒに△をつけましょう」

2 指示の理解・位置

- 右から3番目、下から7番目の四角の中に○をかきましょう。
- 左から5番目、上から4番目の四角の中に△をかきましょう。
- 上から2番目、左から6番目の四角の中に×をかきましょう。

3 話の記憶

「今日は動物幼稚園の山登り遠足の日です。みんなは元気に出発しました。先頭はライオン先生、その後ろは一番小さなネズミ君、その次に小さなリスさん、キツネ君、ウサギさん、イヌさんの順番で歩きました。みんなは一生懸命登りました。お昼ごろ、山のてっぺんに着いたので、みんなは木の下でお弁当を食べ始めました。ネズミ君とキツネ君のお弁当はおにぎり、リスさんとウサギさんのお弁当はサンドイッチ、ライオン先生とイヌさんのお弁当はハンバーガーでした。お昼ごはんの間、ウサギさんはみんなが楽しそうにお弁当を食べているところをカメラで撮りました。ところが、途中で雨が降ってきたのです。みんなは急いで山小屋へ逃げ込みました。『ふう、雨宿りするところが近くにあってよかったね』とキツネ君が言いました。しばらくすると、雨はやみましたが、ネズミ君がいません。『どこへ行っちゃったんだろう……』とリスさんが心配そうに言ったとき、リュックサックの中から〝グーグーグー〟といびきが聞こえてきました。開けてみると、ネズミ君が気持ちよさそうに眠っていました。『きっと雨が降ったときに逃げ込んだのね』。みんなは起こさないようにそっと静かに言いました」

- 一番上の段です。今のお話に出てきた動物に○をつけましょう。
- 遠足で並んで歩いたとき、先頭はライオン先生でしたね。では、3番目に並んでいたのはどの動物でしたか。2段目の四角から選んで○をつけましょう。
- 同じ2段目です。お昼ごはんがハンバーガーだった動物に△をつけましょう。1匹ではないかもしれませんよ。
- 3段目です。山小屋でいなくなってしまった動物がいましたね。では、その動物はどこに逃げ込んでいましたか。四角から選んで○をつけましょう。

4 数　量

・上です。リスが夕ごはんのためのドングリを絵に描いてある数だけ集めました。けれども、おなかがすいてしまったので、3つだけこっそり食べてしまいました。そして、食べた後にまた5つ集めてきてお家に帰りました。では、最後にリスがお家に持って帰ったドングリは全部でいくつですか。その数だけ、ドングリの絵の長四角に○をかきましょう。

・下です。かなちゃんは今、袋に描いてあるだけのアメを持っています。さらにお姉さんに6つアメをもらいました。食べ切れないので、お友達2人とかなちゃんの3人で仲よく分けたいと思います。それでは、1人でいくつのアメを食べることができますか。その数だけ、アメの絵の長四角に○をかきましょう。

5 数　量

・上の段です。絵の中のリンゴを、ウサギが4個食べました。その後、ネコ、イヌ、リスがそれぞれ2個ずつ食べました。残ったリンゴは何個ですか。その数だけ、下の長四角に○をかきましょう。

・下の2段です。左の積み木に何個か足して、右のようになりました。積み木は何個増えましたか。その数だけ、右の四角にそれぞれ○をかきましょう。

6 構　成

・右の5つの形のうち4つで左の形を作ります。使わずに余る形が1つあります。その形にそれぞれ○をつけましょう。

7 系列完成

・決まりよく印が並んでいます。空いているところに合う印をかきましょう。2つの段ともやりましょう。

8 推理・思考（回転図形）

・左側の絵が、それぞれ右に2回コトンコトンと転がると、どのようになりますか。右の四角から選んで○をつけましょう。

9 推理・思考（鏡映図）

・女の子が鏡の前に立っています。女の子と花瓶は、鏡にどのように映ると思いますか。正しいと思うものに○をつけましょう。

10 推理・思考（対称図形）

・この中で、点線を折り目にして折ったとき、ピッタリ重なるものを見つけて○をつけましょう。

11 模　写

・上の段です。上のお手本を見て、足りないところをそれぞれ下にかき足しましょう。
・真ん中の段のお手本と同じになるように、一番下のマス目の同じ場所に同じ形をかきましょう。

12 言語・常識

・自分で問題を読んでやりましょう。最後まで全部やりましょう。

13 言語・常識

・自分で問題を読んでやりましょう。最後まで全部やってください。

1

2

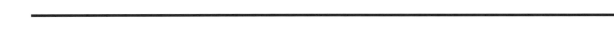

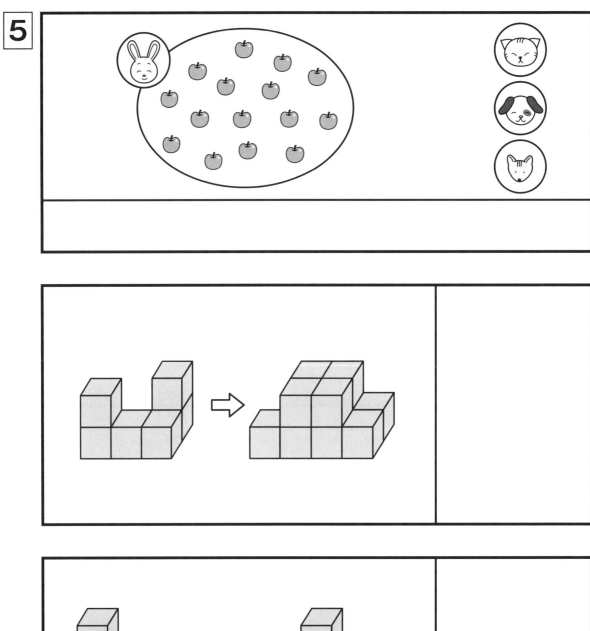

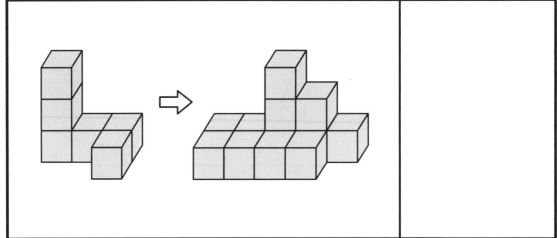

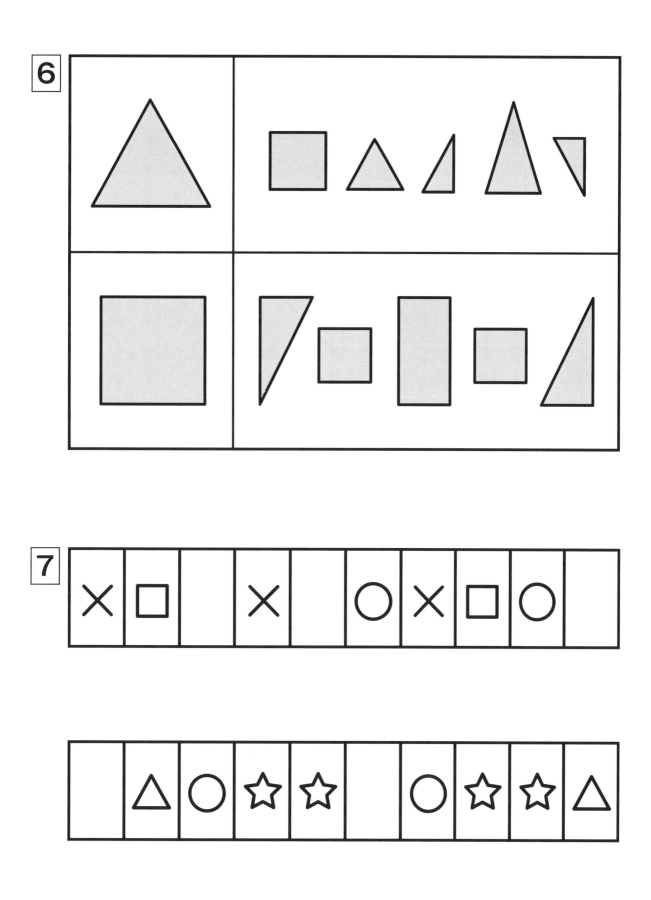

8

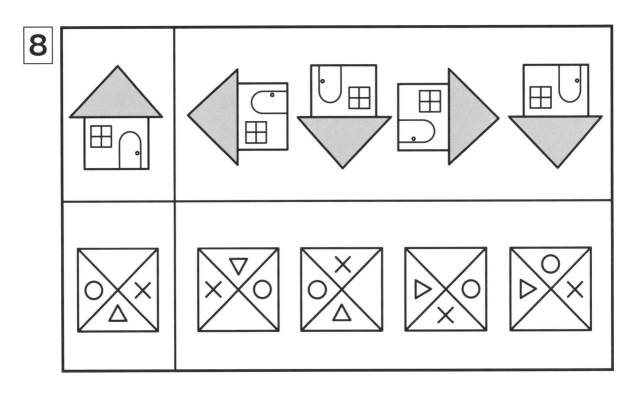

9

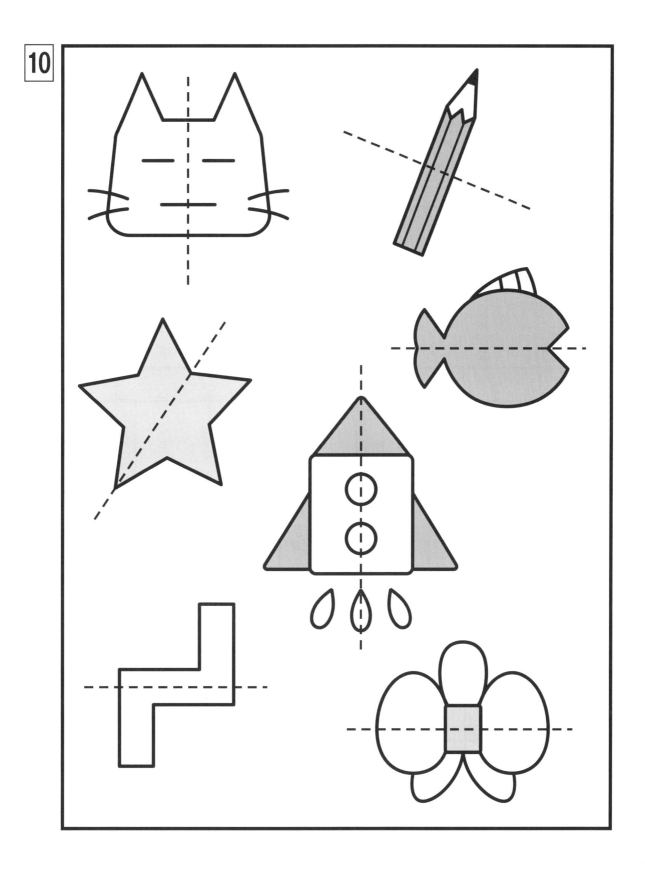

10

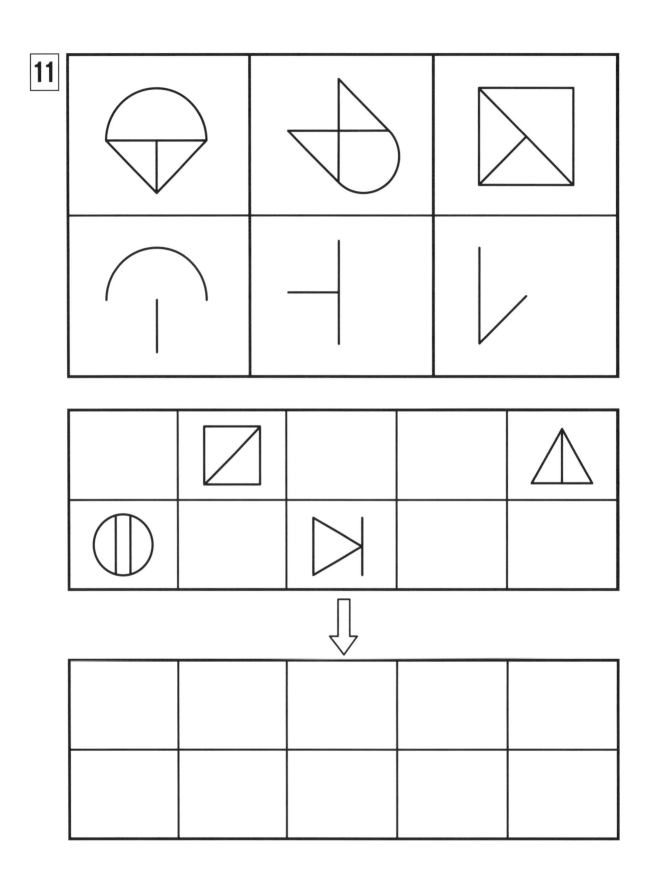

12

① さんびきのこぶたで　にばんめのおにいさんぶたは　なにで
おうちを　つくったか　まるを　つけなさい。

かみ	わら	わた	れんが	き	がらす

② ろっぽんあしで　あるくいきものに　さんかくを　つけなさい。

くも	にわとり	らくだ	くわがた	むかで

③ みずにうかぶものに　ばつを　つけなさい。

いし	えんぴつ	はさみ	くぎ	ねんど

④ しりとりをします。はじめのしかくに　はいるものに　まるを
にばんめの　しかくに　はいるものに　さんかくを　つけなさい。

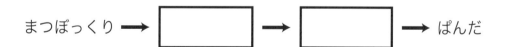

まつぼっくり　➡　☐　➡　☐　➡　ぱんだ

りんご	みかん	りゅっくさっく	すいか
すずめ	りす	らっぱ	すりっぱ

13

① からすと ちがう かぞえかたを するものに まるを つけなさい。

からす	だちょう	かまきり	ぺんぎん	すずめ

② なかまで ないものに まるを つけなさい。

にわとり	かめ	ぺんぎん	ねずみ	めだか

③ さるかにばなしに でてこない ものに ばつを つけなさい。

くり	はち	さる	かに	きね

④ しりとりで よっつ つながるように したの みっつの しかくの なかから さいしょの ひとつを えらんで まるを つけましょう。えらんだら どのように つながるのか おおきな しかくの なかから つづきをえらんで せんを ひきましょう。

なし	ばなな	ぶどう

うちわ	ぶた	わに	なす
しか	ますく	すすき	あめ
てぶくろ	ごぼう	にわとり	ねこ

[過去問] 2024

淑徳小学校 入試問題集

解答例

＊ **解答例の注意**

この解答例集では、ペーパーテスト、集団テストの中にある□数字がついた問題の解答例のみを掲載しています。それ以外の問題の解答はすべて省略していますので、それぞれのご家庭でお考えください。

（一部□数字がついた問題の解答例の省略もあります）

入試シミュレーションの解答例もあります！

© 2006 studio*zucca

Shinga-kai

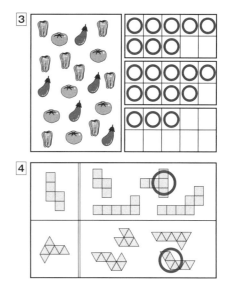

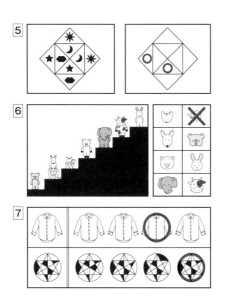

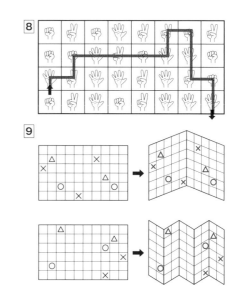

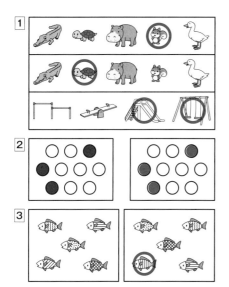

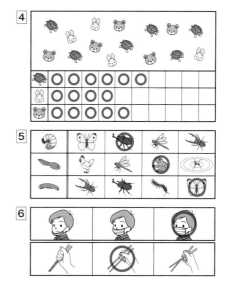

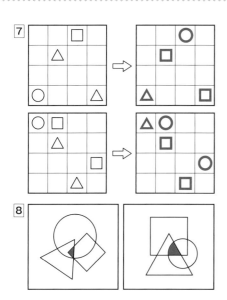

2021 解答例

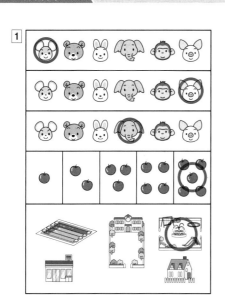

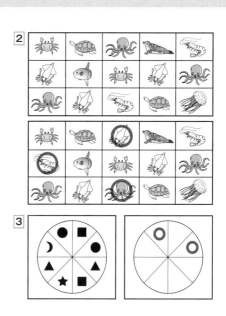

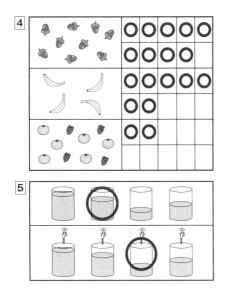

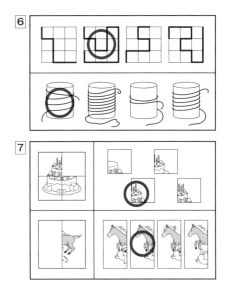

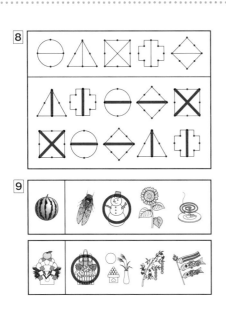

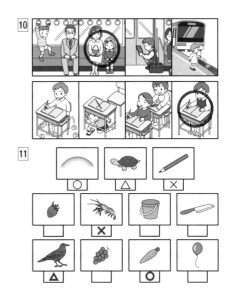

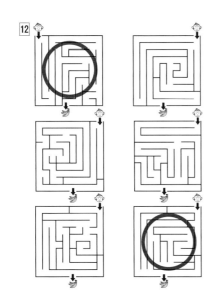

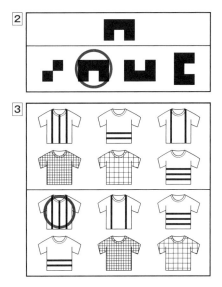

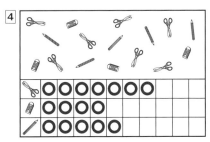

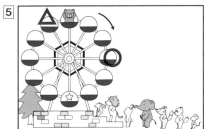

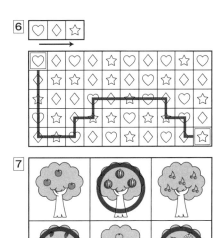

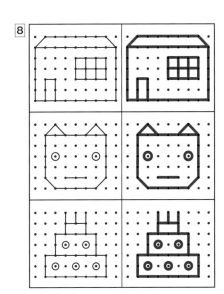

※ 6 は複数解答あり

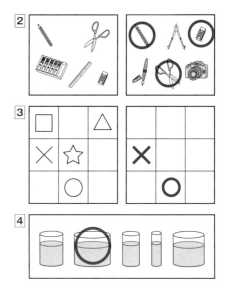

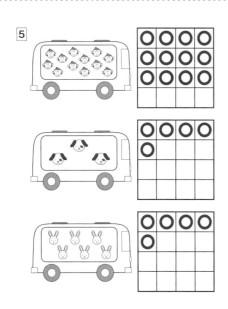

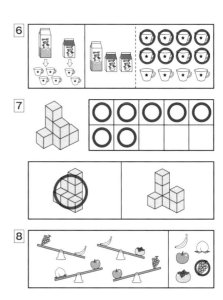

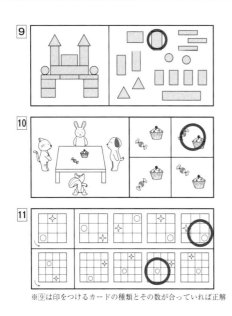

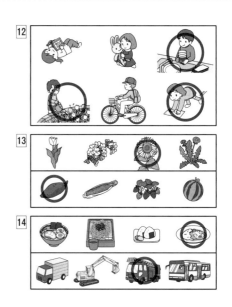

※⑨は印をつけるカードの種類とその数が合っていれば正解

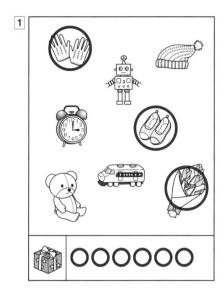

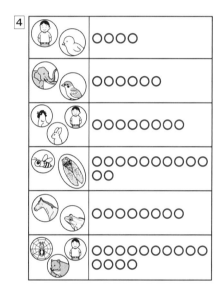

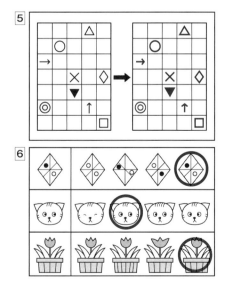

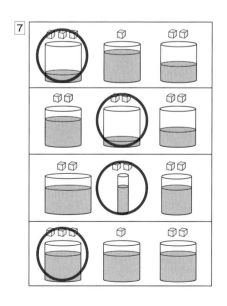

8

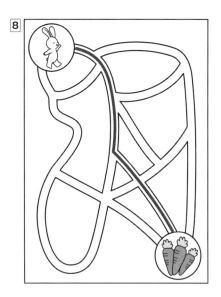

9

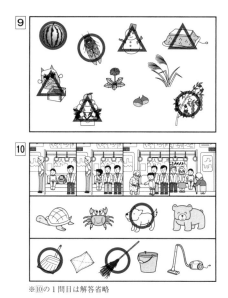

10

※⑩の１問目は解答省略

11

12

13

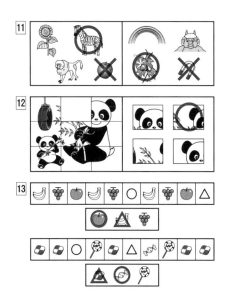

［過去問］ 2024

宝仙学園小学校
入試問題集

解答例

＊ **解答例の注意**

この解答例集では、ペーパーテスト、個別テスト、集団テストの中にある□数字がついた問題の解答例のみを掲載しています。それ以外の問題の解答はすべて省略していますので、それぞれのご家庭でお考えください。

入試シミュレーションの
解答例もあります！

© 2006 studio*zucca

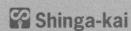 Shinga-kai

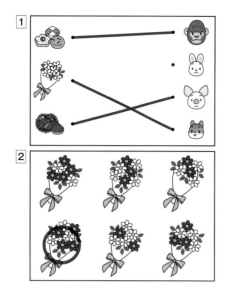

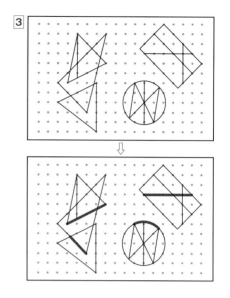

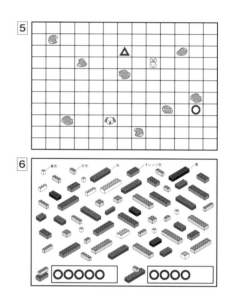

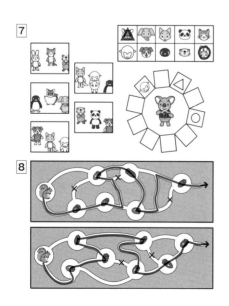

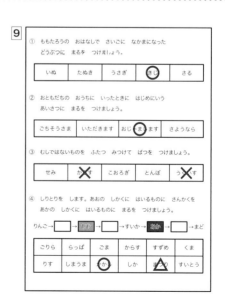

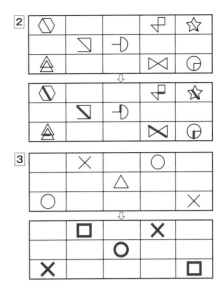

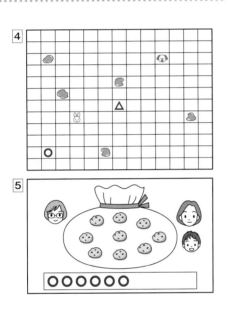

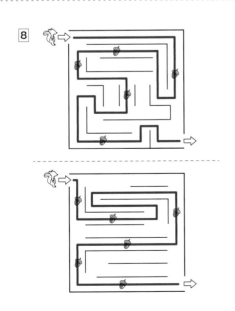

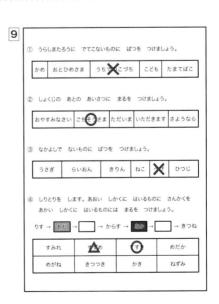

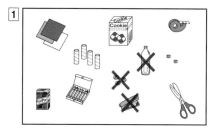

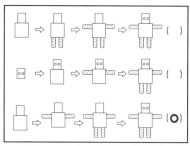

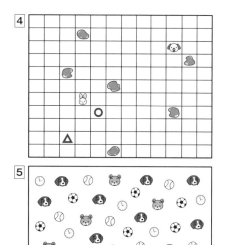

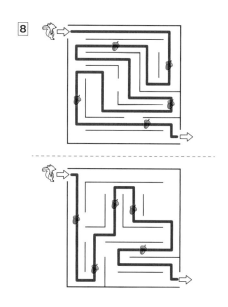

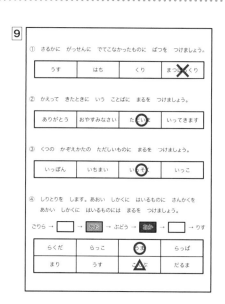

9

① さるかに がっせんに でてこなかったものに ばつを つけましょう。

| うす | はち | くり | まつ ✕ くり |

② かえって きたときに いう ことばに まるを つけましょう。

| ありがとう | おやすみなさい | ただ(まる)いま | いってきます |

③ くつの かぞえかたの ただしいものに まるを つけましょう。

| いっぽん | いちまい | い(○)そく | いっこ |

④ しりとりを します。あおい しかくに はいるものに さんかくを あかい しかくに はいるものには まるを つけましょう。

ごりら → □ → あお → ぶどう → あか → □ → りす

| らくだ | らっこ | う(○)ま | らっぱ |
| まり | うす | △す | だるま |

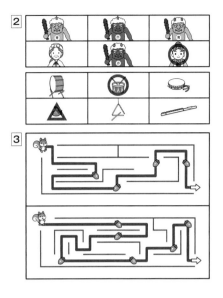

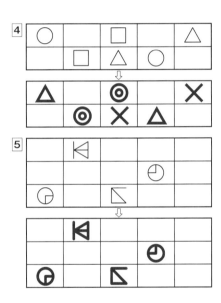

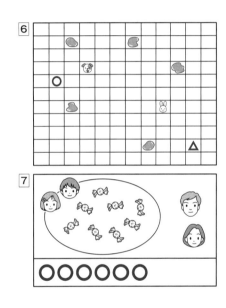

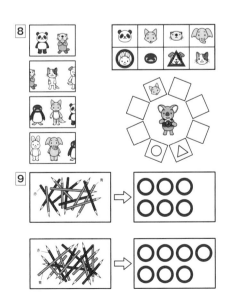

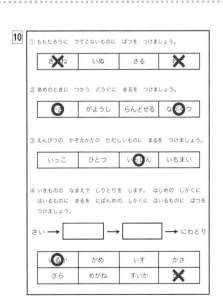

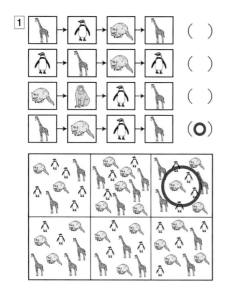

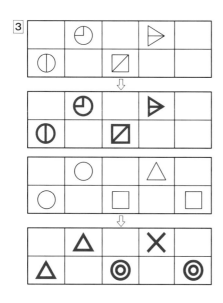

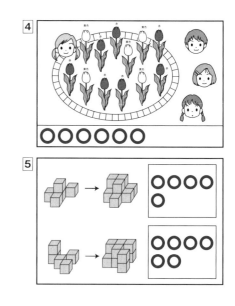

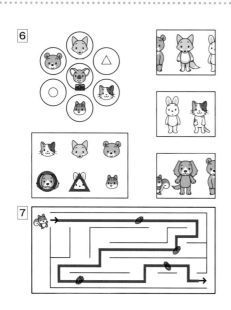

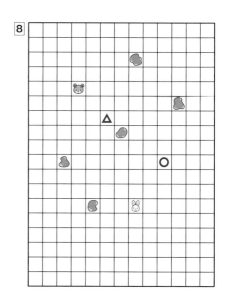

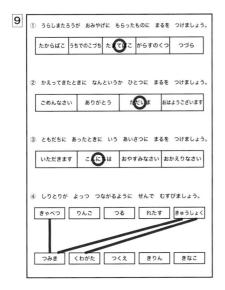

9

① うらしまたろうが　おみやげに　もらったものに　まるを　つけましょう。

| たからばこ | うちでのこづち | たまてばこ | がらすのくつ | つづら |

② かえってきたときに　なんというか　ひとつに　まるを　つけましょう。

| ごめんなさい | ありがとう | ただいま | おはようございます |

③ ともだちに　あったときに　いう　あいさつに　まるを　つけましょう。

| いただきます | こんにちは | おやすみなさい | おかえりなさい |

④ しりとりが　よっつ　つながるように　せんで　むすびましょう。

| きゃべつ | りんご | つる | れたす | きゅうしょく |

| つみき | くわがた | つくえ | きりん | きなこ |

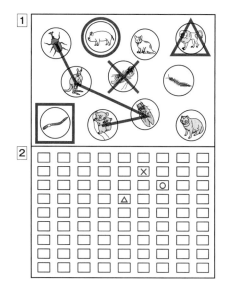

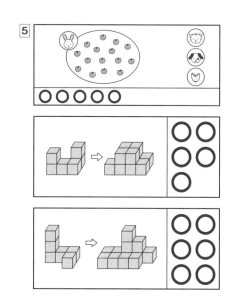

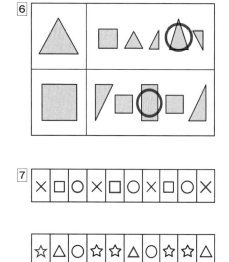

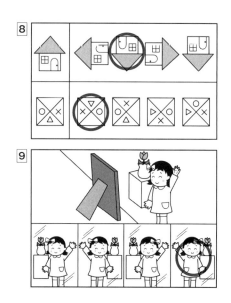

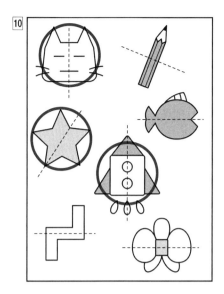

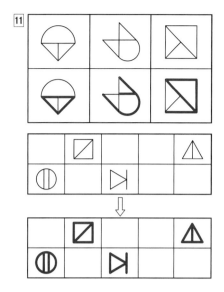

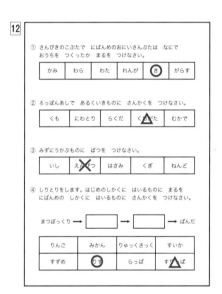

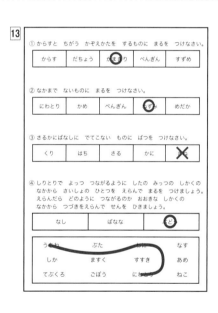

memo

memo

memo

Shinga-kai